Individualismus
oder
Evolutionismus?

Zugleich

Eine Entgegnung
auf die Streitschrift des Herrn Professors
Wilhelm Wundt.

Von

Hugo Sommer.

Berlin.
Druck und Verlag von Georg Reimer.
1887.

Vorwort.

Im Märzheft der preußischen Jahrbücher vom Jahre 1887 habe ich den im dritten Abschnitte der jüngst erschienenen Ethik von Wilhelm Wundt entwickelten ethischen Evolutionismus einer kritischen Beleuchtung unterzogen, welche den Verdruß des berühmten Verfassers in so hohem Maße erregte, daß er dieselbe nicht nur einer im Maiheft derselben Zeitschrift abgedruckten Entgegnung würdigte, sondern auf meine gleichzeitig ebendort erschienene Replik eine bereits pränumerando verfaßte Streitschrift „Zur Moral der literarischen Kritik" gegen mich richtete, worin er meine Kritik unter aller Kritik findet und als ein verabscheuungswürdiges Muster schlechter Kritik hinstellt, ja mir in einer nur pathologisch zu nehmenden Erregung die geflissentliche Entstellung seiner Lehren und die Verdächtigung seines mir bis dahin ganz unbekannten Charakters vorwirft — leider, ohne auf die von mir angeregten sachlichen Bedenken einzugehen, wie ich hoffen und erwarten durfte.

Nun ist mir die überaus schlechte Meinung, welche der Herr Gegner von mir hegt, zwar keineswegs gleichgültig, aber wichtiger als deren Widerlegung ist mir doch die Durchfechtung des von mir angeregten sachlichen Streits. Ich muß ihn deßhalb, da ihn meine Replik nicht befriedigt, in Betreff der ersteren seinem Schicksale überlassen, denn ein nochmaliges Eingehen auf seine Beschuldigungen, welches mir überdies schon wegen des gegnerischerseits angeschlagenen Tons der Polemik der gesellschaftliche Anstand verbietet, würde den sachlichen Streit in einen persönlichen umwandeln und das an jenem angeregte Interesse resultatlos im Sande verlaufen lassen. Ein Erfolg, den ich ebenso ernstlich zu vermeiden wünsche, als ihn der Herr Gegner durch alle erdenklichen Reizmittel zu provociren sucht.

In einem kurzen Essay läßt sich nun einmal bei bestem Willen nicht alles sagen und zusammenfassen, was in einem umfangreichen Werke enthalten ist und dazu dienen könnte, dem Gegner nach allen Richtungen hin gerecht zu werden. Ich will mich deßhalb bemühen, das Versäumte nach besten Kräften nachzuholen. Bedarf es noch einer Rechtfertigung meines Vorgehens, so trifft sie mit dem sachlichen Interesse an dem angeregten Streite zusammen, das zugleich ein Interesse des ganzen Publicums, und von so hoher Bedeutung ist, daß das persönliche dagegen ganz in den Hintergrund tritt. Es giebt keine sachgemäßere Rechtfertigung für mich als die offene Darlegung dessen, um was es sich in dem Widerstreit unserer Ansichten eigentlich handelt:

Individualismus oder Evolutionismus?

Es ist nicht ein Streit zwischen Herrn Wundt und mir, sondern ein Streit zweier Weltansichten, einer altberechtigten gegen eine Neubildung, welche im Zeitbewußtsein immer breiteren Boden zu gewinnen scheint. Es kommt dabei vor Allem auf die Grundgedanken und Voraussetzungen beider Positionen, auf deren Gewicht und Tragweite an, weniger auf die Künstlichkeit der Anordnung und des Aufbaus, noch weniger auf kleine Mißverständnisse, welche hüben und drüben nicht ausbleiben, am allerwenigsten auf die Absichten, welche der über die Störung seiner Ruhmeslaufbahn verdrießliche Gegner meiner Polemik unterzuschieben trachtet. Lassen wir doch solche Lappalien aus dem Spiel, wo es eine so ernste Frage zu beantworteu gilt!

Wer wissenschaftliche Behauptungen von so tiefgreifender Bedeutung aufstellt wie der Herr Gegner, muß auch den Widerspruch und die Beleuchtung von einem gegnerischen Standpunkte aus vertragen können. Die Gunst der Zeitrichtung, welche ihm lächelt, und der Glanz des Ruhmes, den er auf einem anderen Gebiete wissenschaftlicher Thätigkeit erworben hat, überheben ihn der Verpflichtung nicht, seinen Standpunkt auch gegnerischen Einwendungen gegenüber zu vertreten. Sein Versuch, dieser Verpflichtung auf die von ihm beliebte Art aus dem Wege zu gehen, mag das Kopfschütteln der Klugen oder den Beifall fanatischer Anhänger erregen; mich soll er nicht hindern, die vorangestellte Streitfrage energisch und reinlich zum Austrage zu bringen.

Blankenburg a. Harz im Juni 1887.

H. Sommer.

Inhalt.

Einleitung.

Der Herr Gegner hat in seiner Streitschrift einen Satz an die Spitze gestellt, in dem wir beide übereinstimmen: Der Prüfstein einer jeden Ethik ist ihre practische Brauchbarkeit. Wir verlangen auf die Frage: „was sollen wir thun? eine allgemeingültige Antwort. Er nimmt diese Frage zum Motto seiner Streitschrift, aber er prüft die Tragkraft unserer beiderseitigen Principien nur an ihrer Tauglichkeit zur Lösung der beiden speciellen Fragen, was ein Schriftsteller zu thun habe, der seiner Meinung nach von einem Gegner ungerecht behandelt wird, und was wir alle thun sollen, damit das Streben nach Wahrheit der Leitstern unserer literarischen Kritik werde. Ich substituire den beiden Specialfragen zunächst wieder die allgemeine, denn unser Streit ist ein Principienstreit, und an ihrer Allgemeingültigkeit haben sich die ethischen Principien doch schließlich zu bewähren.

Unsere Uebereinstimmung geht aber noch weiter. Der Verfasser sagt (S. 417): „Das Gebiet des sittlichen Handelns bietet eine Eigenthümlichkeit dar, welche mit dem Grundcharakter des Sittlichen unmittelbar zusammenhängt" . . . . . . „Diese Eigenthümlichkeit besteht in der Ausbildung imperativer Motive." „Alle Motive sind impulsiv: jedes für sich allein würde als unwiderstehlicher Trieb wirken, mehrere zusammen bilden daher Triebkräfte, die gegen einander wirkend das Wollen so bestimmen, daß es den vorherrschenden Motiven folgt. Die imperativen Motive sind gleichfalls impulsiv, aber es kommt dazu noch eine weitere Eigenschaft: sie verbinden sich mit der Vorstellung, daß sie allen anderen bloß impulsiven Motiven vorgezogen werden müssen." Er findet ferner „die normale Function des Gewissens darin, daß dasselbe den Kampf der imperativen und impulsiven Motive mit eigenthümlichen Affecten begleitet, welche ihrerseits die imperativen Motive verstärken" u. s. w. und fährt fort: „Diese Affecte, insofern sie der Handlung vorausgehen oder sie mindestens begleiten müssen, um jene Wirkung herbeizuführen, pflegt man das gesetzgebende und antreibende Gewissen zu nennen, und ihm dagegen das Gewissen nach der That als das richtende gegenüberzustellen." Er faßt ferner das Problem des Gewissens in die Frage zusammen: „Wie ist die Entstehung imperativer Motive überhaupt möglich"?

Ich stimme diesen Sätzen bei. Die Differenz unserer Ansichten beginnt erst mit unserer grundverschiedenen Auffassung des Gewissens, und tritt in voller Schärfe in der grundverschiedenen Bestimmung des letzten Zweckes des Sittlichen hervor.

Ich werde die Positionen des Individualismus und des Evolutionismus in den beiden ersten Abschnitten gesondert darstellen und im dritten die Consequenzen beider in Betreff der Beantwortung der vorangestellten Frage zu ziehen suchen.

I. Der Individualismus.

Der individualistischen Weltansicht gebührt der Vortritt. Sie ist die altberechtigte. Sie allein operirt mit Vorstellungen und Begriffen, welche der unmittelbaren Beobachtung des Lebens entnommen, welche daher unmittelbar verständlich und in völliger Uebereinstimmung mit der Vorstellungs- und Redeweise des practischen Lebens verwendbar sind. Das practische Leben kennt nur Individualwillen, Individualgefühle, Individualbewußtsein. Im Anschluß an den unmittelbaren Beobachtungskreis, und belebt durch die hier gewonnenen Anschauungen, haben sich die Begriffe von Wille und Werth, Zweck und Motiv zu festen terminis gestaltet, deren Sinn sich wesentlich verschiebt, wenn man die evolutionistischen Grundbegriffe „Gesammtwille“ und „Gesammtbewußtsein“ dazwischen, über und neben die Individualwillen stellt, und die bei diesen beobachteten Momente des Wollens: Werth, Zweck, Motiv, auf jene neuen Grundbegriffe überträgt, die keinen Besitzstand in der Vorstellungsweise des practischen Lebens aufweisen können, da sie hier nicht als Realitäten der nämlichen Art wie die Individualwillen, sondern nur als oft gebrauchte bildliche Ausdrücke, cursiren. Die dadurch leicht entstehende Begriffsverwirrung löst sich einfacher, wenn man sich zunächst im Gesichtskreise der an die unmittelbare Beobachtung und das practische

Leben sich anlehnenden individualistischen Ethik einigermaßen orientirt hat und heimisch geworden ist. Ueberdies scheint es mir, bevor man ein neues System prüft, recht angemessen, zunächst den Maßstab in's Auge zu fassen, an dem man dessen Güte und Brauchbarkeit zu ermessen gewillt ist. Taugt der Maßstab nicht, so weiß man, was man von einer Kritik zu halten hat, die sich dessen bedient. Dann mag man die Würdigung des neuen Systems von einem anderen Standpunkte aus versuchen, von dem aus sich dasselbe vielleicht besser perspectivisch gliedert und in sachgemäßerer Beleuchtung erscheint. So kann der Leser nach der Lectüre dieses ersten Theiles entscheiden, ob er in den anderen noch etwas Lesenswerthes zu erwarten hat. Ich will ihm gleich zu Anfang und ohne alle Umschweife völlig klaren Wein einschenken.

Mir gilt als einzig zulässiger Maßstab zur Würdigung der Güte und Brauchbarkeit eines ethischen Systems derjenige, der auch der Maßstab des Guten im practischen Leben ist und von jeher war: das Gewissen. Das Gute des practischen Lebens ist mir ein unantastbares Gut, das unbedingt werthvolle Inhalts- und Interessencentrum, um das sich Alles dreht, im privaten und öffentlichen Leben. Es ist ein Thatsächliches, ein Gegebenes, dessen sich der Mensch bewußt wird, dessen Sinn sich in der geschichtlichen Entwickelung der Menschheit immer reicher entfaltet hat. Die wissenschaftliche Ethik kann diesen Thatbestand des Guten nicht schaffen, sie kann höchstens den Proceß des Sichbewußtwerdens desselben durch Nachdenken beschleunigen und ergänzen. Sie kann auch versuchen, das Wesen des Guten, wie es sich im Laufe der geschichtlichen Entwickelung gestaltet, begriffsmäßig zu formuliren, zu systematisiren und mit der Vorstellungswelt des Menschen sachgemäß zu verknüpfen. Sie verfehlt ihre Aufgabe, wenn sie an Stelle dessen, was im Leben allgemein als gut gilt, etwas Anderes zu setzen sucht, was sie aus eigenen Mitteln der Speculation, der willkürlichen Wahl eines neuen Standpunktes der Betrachtung oder einer anderen individuellen Liebhaberei ersinnt. Sie ist dann nicht mehr Ethik, sondern unethische Gedankenklügelei. Die Ethik ist ihrem Wesen nach Erfahrungswissenschaft. Will sie das Gute schaffen, was sie anerkennen soll, so setzt sie ihre schwachen Kräfte dem Werdeprocesse des Guten im Leben und in der Geschichte entgegen. Will man den Werth solcher Neuschöpfung wiegen, so lege man ihn auf die eine Wagschaale, auf die andere das Gute, wie es im Bewußtsein der Millionen und Aber-Millionen Menschen als höchstes Ziel des sittlichen Strebens lebte, lebt und ewig leben wird, der vergangenen, der gegenwärtigen, der zukünftigen — und federleicht wird die erstere Schaale in die Höhe schnellen. Das Bewußtsein des Guten, dessen, was der Mensch soll, zieht durch alle Generationen hindurch, als der Lebensnerv ihrer Interessen und ihres Thuns. Es gestaltet sich verschieden nach der Art und dem Gesichtskreise der Bildung, nach den Lebensgewohnheiten und den Beschäftigungen der Menschen, aber ein gemeinsamer bleibender Kern steckt in allen diesen nur erfahrungsmäßig festzustellenden Formen der sittlichen Endzwecke, ein selbstleuchtender Kern, dessen Licht sich in verschiedenen Farben brechen kann, aber immer denselben erhabenen Glanz ausstrahlt, das Gefühl des unbedingten Werthes dessen, was dem Menschen nach der Entscheidung seines Gewissens als gut gilt. Im Gewissen wird dem Menschen stets und überall der bleibende Inhaltskern aller sittlichen Zwecke und aller sittlichen Motive offenbar. Wer seine maßgebende Bedeutung in den erfahrungsmäßigen Gestaltungen der sittlichen Vorstellungen verkennt, verkennt das Wesen des Sittlichen in jenen erfahrungsmäßigen Gestaltungen und richtet seinen Blick nur auf die wechselnde Form der Schaalen, in denen sich der Kern des Sittlichen im Leben der Gegenwart und der Vergangenheit darbietet. Eine Ethik, welche sich auf eine so oberflächliche Betrachtung der Erfahrung beschränkt, bleibt stets an der Schaale kleben, sie dringt nicht bis zum Wesen des Sittlichen vor, wenn sie auch die Schaalen noch so sorgfältig sammelt, wenn sie dieselben noch so sorgfältig beobachtet und ordnet, und aus deren wechselnden Formen eine Richtungslinie construirt, in deren Gleichung sie dann das Wesen des Sittlichen enthalten wähnt. Das Gewissen allein enthält den Schlüssel zum Verständniß des Sittlichen, des Sittlichen auf jeder Stufe seiner geschichtlichen Entwickelung. Das Gewissen allein enthält den Sinn der Formel, in der das Gesetz der sittlichen Entwickelungslinie zu allen Zeiten und bei allen Völkern sich darstellt. Das Gewissen, welches im practischen Leben aller Zeiten und aller Völker als höchste und unbedingte Instanz der Entscheidung dessen gegolten hat, was der Mensch soll, muß auch für die Wissenschaft stets höchste und unbedingte Entscheidungsinstanz dessen sein was der Mensch soll, wenn die Wissenschaft eine Wissenschaft des Sittlichen sein will.

Was ist das Gewissen? Entspricht es einem „wohldefinirten Begriffe"? Sicherlich nicht, denn es ist kein Begriff, sondern ein Thatbestand. Ein Thatbestand, den man nur erleben, nicht aber erschöpfend unter andere allgemeinere Begriffe rubriciren und restlos definiren kann, weil er ein Thatbestand ist, der über allen Begriffen steht, der inhaltreicher ist, als alle Begriffe und Bilder, welche man zu dessen Verdeutlichung heranzuziehen pflegt, der, selbständig und selbstleuchtend, allen diesen Hilfsbegriffen rückstrahlend erst Leben und Farbe giebt. Ich verweise auf diesen Thatbestand, dessen Bewußtsein jeder jeden Augenblick in lebendiger Anschauung in sich reproduciren kann, den jeder in sich unwillkürlich reproducirt, wenn er das Wort „Gewissen" aussprechen hört oder liest, der als currente Münze von allgemeingültigem Gehalt und reinstem Klange im practischen Leben aller Völker anstandslos umläuft, und überall in gleichem Sinne verstanden und respectirt wird. Jeder weiß, welcher Sinn und Inhalt sich allgemein mit dem Worte Gewissen verknüpft. Es bedarf keiner

Definition. Ich verzichte auf den Versuch, meine Leser durch die Aufstellung einer solchen zu unterhalten, welche doch nur ein abgeblasstes und unvollständiges Gedankenbild des vollen Thatbestandes liefern würde, der allen bereits in lebendiger Anschauung gegenwärtig ist. Das Leben ist unendlich viel reicher als die Begriffswelt, die ihre Wurzeln im Leben hat, und ihre einzige Nahrung aus dem Boden des Lebens zieht, aber immer ein abstractes Gewächs bleibt, das nur durch stete Rückerinnerung an seinen lebendigen Ursprung mit dem Gehalte erfüllt wird, den man darin sucht. Die Ethik ist eine Wissenschaft des sittlichen Lebens. Knüpfen wir unmittelbar an den Thatbestand des Lebens an, und entsagen wir dem zwecklosen Versuche, das Erlebniß des Gewissens durch Abstraction und Definition zu verdünnen!

Danken wir Gott, daß wir das Gewissen haben, daß wir im Gewissen ein volles Bewußtsein dessen in uns haben, was wir sollen, was uns bei einigem Nachdenken in jedem Falle eine höchste Entscheidung dessen giebt, was wir in jedem Falle thun sollen! Hätten wir es nicht, so wüßten wir nicht, was wir sollen, so gäbe es kein Sollen, keine Ethik im bisherigen Sinne des Worts.

Was ist das Wesen des Sollens?

Es besteht in dem Bewußtsein, daß wir durch unser Leben eine Bestimmung zu erfüllen haben, welche der schöpferischen Kraft unseres Wollens überall die Richtung ihrer Bethätigung anweisen soll. Wie ist das möglich? Sind doch alle Menschen verschieden, sind doch die Interessen derselben verschieden und wechselnd, sind doch die Bedingungen unabsehbar complicirt und wechselnd, unter deren Einflusse die Menschen im einzelnen Falle sich zum Wollen entscheiden müssen. Die Richtung des Wollens wird, wie die Erfahrung lehrt, doch nur allein durch das bestimmt, was dem Wollenden wollenswerth erscheint. Soll die Richtung für alle in allen Fällen ihres Lebens dieselbe, soll deren Innehalten für alle stets und überall maßgebend sein, so muß die Vorstellung der einen maßgebenden Richtung von allen stets als höchster Werth erhebt werden, der alle anderen Antriebe ihres Wollens an Motivationskraft überwiegt.

Die Vorstellung eines für alle gleich werthvollen bestimmten Endzwecks könnte es denkbarer Weise sein, wenn er ein außerhalb der Einzelnen belegener Endzweck wäre, etwa die Vorstellung eines Weltzwecks, dessen Erreichung allen als höchster Werth vorschwebte und von allen zum Voraus als solcher empfunden würde. Das ist nicht der Fall, denn kein Mensch kennt den Weltzweck oder hat auch nur irgend eine bestimmte Vorstellung davon. Kein Mensch, geschweige denn alle, können sich für die unbestimmte Idee eines solchen erwärmen, die meisten sind außer Stande, sich überhaupt eine Idee davon zu machen.

Auch bestimmte Normen können es nicht sein, denn es sind keine erdenkbar, unter welche sich alle Einzelfälle restlos rubriciren ließen. Gäbe es aber solche, welche durch passende Unterordnung aller Einzelfälle stets eine zuverlässige Entscheidung dessen an die Hand gäben, was jeder in jedem Falle thun solle, so würde das Leben zu einem monotonen ethischen Mechanismus erstarren und für die freie schöpferische Bethätigung des Willens kein Spielraum bleiben, welchen doch das Wesen des Sittlichen seiner Natur nach fordert.

Auch die Vorstellung der Erreichung eines für alle gleichen bestimmten Lebenszustandes, welchen alle zum Voraus als höchstes Gut schätzen müssten, kann es nicht sein, denn ein solcher Zustand, der für alle als denkbar höchster und als derselbe gleich wünschenswerth wäre, ist bei der Verschiedenheit der Menschen und deren Interessen undenkbar. Außerdem sind die Interessen der Menschen viel reicher, als daß sie sich unter die Vorstellung irgend eines bestimmten beglückenden Zustandes des Wollenden selbst rubriciren ließen.

Die meisten und reichsten Freuden der Menschen bestehen

thatsächlich gar nicht in Zuständen, die blos Zustände ihres Fürsichseins wären, sie bestehen vielmehr in dem unmittelbaren Innewerden des Glückes der Beziehungen, die sie mit ihren Mitmenschen auf die mannigfaltigste Art verbinden, in Zuständen ihres Füreinanderseins. Als höchster Endzweck könnte ihnen daher nur ein Lebenszustand ihres Fürsichseins und ihres Füreinanderseins zugleich, also ein bestimmter Zustand aller Menschen und ihrer gegenseitigen Beziehungen untereinander gelten. Aber auch die Vorstellung eines solchen bestimmten Zustandes kann nicht Endzweck des Sittlichen sein. Ein solcher Zustand ließe sich nur allenfalls von den Höchstgebildeten unter sorgfältiger Erwägung aller in Betracht kommenden Umstände in blassen, allgemeinen Umrissen als unbestimmtes Ideal erdenken, oder erträumen. Es giebt keine greifbare Vorstellung desselben, welche als motivationskräftiges Ideal gleich bestimmt, gleich lebendig und gleich warm in den Herzen aller leben könnte.

Am unverständigsten und plattesten, weil am unethischsten, ist endlich die Vorstellung, daß die Erreichung eines höchsten Glückszustandes überhaupt, sei es für die Einzelnen, sei es für die größte Zahl, sei es für alle zusammen, das Endziel des sittlichen Strebens sein könne, das sogenannte Princip der „Maximation der Glückseligkeit". Eine Vorstellungsweise, die man als den allgemeinen Sammelplatz der trivialsten unter den trivialen Ethikern aller Zeiten betrachten muß, weil dieselbe das Wesen des Guten ganz auslöscht, und einen ganz farblosen, sittlich ganz werthlosen, in sich selbst ganz unvollständigen und verwaschenen Allgemeinbegriff der Glückseligkeit überhaupt an die Stelle des sittlich Guten setzt. Wie sehr der Herr Gegner meine ethische Grundauffassung in der Wurzel mißversteht, geht daraus hervor, daß er mir vorwirft, ich hätte mich mit jenen edlen Geistern in jenem Sammelplatze zusammengefunden, ich huldige dem Princip der „Maximation der Glückseligkeit" (S. 38). Nein, wenn ich irgend etwas verabscheue, so ist es diese äußerste Versumpfung und Verflachung des ethischen Empfindens und Denkens, die in jenem Principe ihren zutreffenden Ausdruck gefunden hat. Dieses Princip ist nicht blos Ausdruck einer inneren Leerheit, sondern beruht auf einer Abstraction, die gar keinen verständlichen inhaltlichen Einheitspunkt und Kern in sich trägt und mit dem sittlichen Leben gar keine Fühlung hat, während meine Gewissensethik den vollen Thatbestand des sittlichen Lebens in sich aufnimmt und nur wissenschaftlich formulirt, was im Leben allgemein als sittlich gilt. Es giebt keinen Allgemeinbegriff der Glückseligkeit, der mehr enthält als die unbestimmte Erinnerung an alle möglichen Arten der Lustempfindung, der sinnlichen und geistigen, der niederen und höheren. Ich bin nicht unverständig genug, die Vorstellung eines so verwaschenen Sammelsuriums aller möglichen Lustarten ohne Unterschied überhaupt als motivationskräftig zu betrachten, geschweige denn als Endziel des Wollens, des sittlichen Wollens. Ich bin nicht unethisch genug, den eigentlichen Werth, das eigentliche Wesen des Sittlichen so gründlich zu verkennen, um ihm eine solche Albernheit zu substituiren. Es giebt keine wesenhafte Realität, die man als inhaltliche Erfüllung des Allgemeinbegriffes Glück oder Lust betrachten könnte. Es giebt nur bestimmte Arten von Lust oder Glück. Nur Lust etwessen, das in ihr genossen wird, das ihren specifischen Gehalt ausmacht. Ich habe das nicht einmal, sondern bei jeder Gelegenheit in allen meinen Schriften, und stets so deutlich und energisch wie möglich hervorgehoben z. B. in der kleinen Schrift „Gewissen und moderne Kultur" (Berlin 1884. Verlag von Georg Reimer) welche doch der Verfasser geständlich gelesen hat, und wo es z. B. S. 16 heißt: „Der Begriff des Werthes oder der Lust ist in dieser Allgemeinheit noch ein ganz unvollständiger. Es giebt unendlich viele Arten und Grade des Wohl und Wehe, und nicht alle genügen den Anforderungen, welche wir an den Werth der sittlichen Norm stellen müssen. Die sinnliche Lust, die sonstigen Annehmlichkeiten des Lebens in ihrer unabsehbaren Vielfältigkeit, die Freude über den Eintritt förderlicher oder nützlicher Ereignisse, die Gefühle der Liebe und Freundschaft, die Befriedigung des Ehrgeizes und der Kunstgenuß in seinen verschiedenen Formen liefern unzählige Beispiele besonderer Gefühle, welche sich doch alle von dem unterscheiden, was das Wesen der sittlichen Werthschätzung ausmacht". Den specifischen Werth des Sittlichen habe ich dann in aller Ausführlichkeit entwickelt und beschrieben, und zwar in dem grundlegenden Theile der Schrift, den ich als solchen ausdrücklich bezeichnet habe. Es ist mir unbegreiflich, wie der Herr Gegner diesen klaren und grundlegenden Ausführungen, wie er den noch viel klareren und gradezu classischen Aussprüchen Lotze's über denselben Gegenstand, denen ich mich ausdrücklich angeschlossen habe, wie er dem allem gegenüber in seiner Streitschrift immer noch consequent und unverfroren einen so grobkörnigen Irrthum aufrecht zu erhalten vermag, daß ich dem Principe der „Maximation der Glückseligkeit" huldige. Es scheint, als ob wir beide hier an der Grenze einer möglichen Verständigung angekommen seien. Freilich: wer das individuelle Glück für sittlich werthlos erklärt, der kann unmöglich das kennen, was ich als sittliches Werthgefühl bezeichne. Es handelt sich hier, wie es scheint, nicht um theoretische Irrthümer, sondern um Geschmacksurtheile. Wenn der Herr Gegner von diesem Standpunkte aus dasjenige, was ich als unbedingt werthvoll bezeichne, weil ich es so empfinde, in einen Topf wirft mit den übrigen Arten individueller Glücksempfindung die er unterschiedslos unter den Allgemeinbegriff des Glücks überhaupt rubricirt, dann freilich kann er mich nicht anders beurtheilen. Dann hört aber auch der Streit auf, und ich rufe ihm zu: „Du gleichst dem Geist, den Du begreifst". Doch davon später. Kehren wir zu unserem Gegenstande zurück.

Wo, worin, und auf welche Weise besteht nun jener höchste Werth, der in der Vorstellung aller alle anderen Antriebe des Wollens an Motivationskraft so sehr überwiegt, daß er als richtungbestimmend für das Wollen aller allgemein gelten kann? Worin, wo und wie besteht er, wenn er nicht in der Vorstellung eines Weltzwecks, eines Systems von Normen, eines allen gleich werthvoll erscheinenden Zustandes einzelner, einer Anzahl oder aller Individuen und deren Beziehungen untereinander, wenn er seiner Natur nach nicht in der Vorstellung der Maximation des Glückes einzelner, einer Anzahl oder aller bestehen kann? So weit wir auch unsere Gedanken schweifen lassen, es läßt sich kein anderer sachgemäßerer Thatbestand für die Grundlegung des Sittlichen im Menschen ersinnen, als der ist, welchen wir im Gewissen unmittelbar als wirklich erleben, als der Thatbestand des Gewissens, eines angeborenen Kriteriums des Sittlichen, das auf der sittlichen Naturanlage des Menschen beruht, und den Menschen befähigt, in jedem Falle sich durch einfache Selbstbesinnung unmittelbar dessen bewußt zu werden, was er soll. Lassen wir uns an diesem Thatbestande genügen, der einzig in seiner Art ist und deßhalb unter keine anderen Allgemeinbegriffe rubricirt werden kann. Steht uns doch seine Gewißheit selbst außer Frage, und wird dieselbe doch durch die Geschichte des sittlichen Lebens überall in umfassendster Weise bestätigt.

Wollen wir eine Erklärung dafür suchen, welche aber immer mehr eine Erläuterung und Verdeutlichung als eine Begründung des Thatbestandes zu bieten beanspruchen kann, so weiß ich keine bessere, als die, welche ich an dem angeführten Orte bereits zu geben versucht habe. Unsere Wesensnatur ist auf unsere sittliche Bestimmung hin veranlagt. Das, was wir sollen, entspricht unserer Wesensnatur am meisten und ist daher das Grundinteresse unseres Lebens. Deßhalb verbindet sich mit dem, was wir sollen, stets die Vorstellung, oder richtiger das Gefühl, daß es allen übrigen impulsiven Motiven in jedem Falle vorzuziehen sei. Deßhalb wird das Gebotene, das sittlich Gute, nicht blos als höchstes, sondern als unbedingtes Gut von uns geschätzt. Das Bewußtsein seiner Unbedingtheit ist das charakteristische Merkmal des Sittlichen. Es ist höchste Instanz unserer Werthschätzung und Willensentscheidung. Es ist deßhalb stets Zweck und Motiv zugleich. Nur aus dem Bewußtsein des unbedingten Werthes läßt sich das Gefühl der sittlichen Verpflichtung erklären. Nur aus letzterem das Gefühl unserer sittlichen Verantwortlichkeit für all unser Thun und Lassen, so wie jene der That oder Unterlassung vorangehenden, sie begleitenden oder ihr nachfolgenden Affecte der inneren Nöthigung, der Billigung, der Befriedigung, der Reue. Nichts ist jener an Werth auch nur vergleichbar, kein anderes Uebel empfinden wir so tief und schmerzlich als die Reue, welche uns ergreift, wenn wir dem Gewissen zuwider gehandelt haben. Wunderbar vereinigt sich hier das Gefühl des Sollens mit der sittlichen Freiheit. Das Sollen ist kein Zwang, sonst wäre das sittliche Handeln nicht freischöpferische Bethätigung des sittlichen Wollens. In letzterem aber beruht die Eigenart und Bedeutung des Sittlichen. Sittliche That ist sittliche Neuschöpfung, nicht mechanischer Erfolg. Schaffung eines Werthes, der seine bleibende Wirkung und Bedeutung hat, mag auch das Individuum vergessen und vergehen. Selbstzweck und doch wegen des Zusammenhangs aller Ereignisse zugleich Mittel zu anderen entfernteren Zwecken nach unzähligen Richtungen hin. Selbstzweck, der auf keine andere Art als durch die sittliche Handlung selbst verwirklicht werden kann. Selbstzweck wegen seines Eigenwerths, der als solcher nur erlebt werden kann, aber dessen beglückende Kraft auf allen Stufen seiner Verwirklichung bereits von dem Wollenden empfunden wird, der die Arbeit des Strebens selbst zu einem beglückenden Daseinsmomente erhebt. Selbstzweck als Glückszustand der Individuen in ihrem Fürsichsein, als Glückszustand in dem Bestehen und der lebendigen Bethätigung der gegenseitigen Beziehungen ihres Füreinanderseins, als Moment der Entwickelung des Weltprocesses, als dessen lebendiges Glied und Mitarbeiter sich das Individuum fühlt.

Der Mensch ist nicht blos für sich, die Menschen sind zugleich für einander und stehen in den mannigfaltigsten Beziehungen gegenseitiger Wechselwirkung. Diese Beziehungen erfüllen das Leben derselben nach allen Richtungen hin und bilden in sich selbst die Hauptmomente der menschlichen Lebensinteressen. Ich komme darauf zurück. Der Mensch ist auch eingegliedert in eine Welt vorausgesetzter Dinge, deren Vorstellung mit seinen Wünschen und Interessen nach allen Richtungen hin auf die vielfältigste Art verknüpft und verwachsen ist. Nur als Glied der Welt und des Weltprocesses kann er sich fühlen, vorstellen und denken. Was er subjectiv als werthvoll in sich erlebt, erhält das Vollgewicht seines Werthes doch erst dadurch, daß es mit der Weltwirklichkeit, in deren umfassenden Rahmen sein und aller Menschen Fürsichsein eingeschlossen und eingegliedert ist, in einem realen und idealen Zusammenhange steht. Er empfindet und erlebt zwar unmittelbar nur die Vorstellung der Welt in sich, deren Gestalt und Gliederung er durch die schöpferische Kraft seines Geistes unter steter Mitwirkung von Einwirkungen, die er aus jener empfängt, in sich auferbaut. Aber die Befriedigung seines Lebens beruht auf der steten Voraussetzung, daß die reale Welt außer ihm der Vorstellung, welche er davon in seinem Inneren hegt, in irgend welcher zuverlässigen gesetzlichen Weise entspricht, so daß den empfangenen Eindrücken bestimmte Ereignisse in der Welt der Dinge correspondiren, und umgekehrt, daß mithin zwischen dem inneren und äußeren Geschehen ein bestimmter, bei allen Menschen gleicher gesetzlicher Zusammenhang obwaltet. Die

Gewißheit jener Voraussetzung, deren Wahrheit durch nichts bewiesen werden kann, ist ihm trotzdem unmittelbar evident und liegt all seinem Denken und Thun zu Grunde. In ähnlicher Weise beruht das beglückende Gefühl seiner sittlichen Lebensbestimmung, dessen subjective Unbedingtheit er unmittelbar in sich erlebt, auf der Voraussetzung, daß jene auch in dem Ganzen der vorgestellten Welt nicht nur ihre gute, sondern ihre unbedingt gute Bedeutung habe. Diese Voraussetzung beruht zwar nicht auf einer so unmittelbaren Evidenz wie der des Vorhandenseins einer unseren sinnlichen Wahrnehmungen entsprechenden Außenwelt überhaupt, aber doch wird sie allgemein als ein ethisches Postulat, als unabweisbare Vernunftnothwendigkeit, empfunden. Das Gefühl der Unbedingtheit des Sittlichen findet nur in dem Glauben an die Erfüllung dieses Postulates seinen Abschluß, in dem Glauben, daß die sittliche Bestimmung des Menschen in dem Ganzen des Weltprocesses ihre Begründung und Rechtfertigung finde, daß der Weltproceß ein allumfassender teleologischer Proceß von unbedingtem Werthe, und daß der Mensch berufen sei, durch seine sittliche Lebensarbeit an jenem mitzuwirken.

Das Bedürfniß solcher Ergänzung der subjectiven Unbedingtheit des Sittlichen durch den Glauben an die objective ist, wie gesagt, ein allgemeinempfundenes. Es ist ein Bedürfniß, eine Sehnsucht von specifischer Gefühlsfärbung, das mir in der menschlichen Naturanlage in ähnlicher Weise keimartig enthalten zu sein scheint, als das Gewissen. Es regte sich von jeher in der Menschheit als religiöses Gefühl. Nicht so präcise, so übereinstimmend, so gleichmäßig wie das sittliche Bewußtsein, doch aber überall mehr oder weniger deutlich erkennbar. Wie mächtig sind seine Wirkungen in der Weltgeschichte! Wie beseligend und wie gewaltig zieht es durch die Gemüther! Nichts ist ihm vergleichbar an Tiefe und Kraft der Beglückung, an Größe und Erhabenheit.

Es verleiht dem Sittlichen erst die diesem eigenthümliche Weihe und Heiligkeit. Das sittliche Gefühl erhält seine Wesensvollendung in dem religiösen Glauben, daß das Gute dem Wesen und Willen Gottes entspricht.

Ich weiß, daß diese Auffassung nicht dem Geschmacke der herrschenden Zeitrichtung gemäß ist, und der Verfasser hat dies aufgegriffen, um mich als „christlichen Ethiker" bloszustellen. Ich lehne die Bezeichnung nicht ab und bekenne offen, daß ich jene Geschmacksrichtung als eine Geschmacksverirrung und Geschmacksverflachung betrachte. Man bildet sich ein, die Trennung des sittlichen Bewußtseins von den darin enthaltenen religiösen Voraussetzungen würde das, was von jenem nach der Trennung noch übrig bleibt, gegen die Zweifel sicher stellen, welche sich gegen den religiösen Glauben allerorten regen, bedenkt aber nicht, daß eine solche Trennung nothwendig zu einer Verflachung des sittlichen Bewußtseins führen muß, welche dasselbe seines inneren Werthes, seiner Selbstgewißheit und Widerstandskraft zum Theil beraubt. Mir wenigstens scheint die Gefahr, welcher der stehengebliebene Rest der religionslosen Sittlichkeit durch das Ueberfluthen der materialistischen, positivistischen und utilitaristischen Ansichten ausgesetzt ist, weit größer als diejenige, welche das in sich vollendetere und deshalb widerstandsfähigere sittlich-religiöse Bewußtsein bedroht. Die subjective Unbedingtheit des Sittlichen verliert mit dem Glauben an die objective nicht nur eine Stütze, welche sie nicht entbehren kann, sondern zugleich den besten Theil ihres Gehalts, das Moment der Weihe und Heiligkeit, den eigentlichen Wärmequell der Begeisterung.

Unrichtig ist dagegen die gegen mich erhobene Beschuldigung, daß ich das sittliche Handeln, abweichend von Lotze, auf eine bestimmte Glaubensgrundlage gestellt habe. Der dafür angegebene Grund, daß die Sätze, in denen ich, völlig übereinstimmend mit Lotze, jene Glaubensgrundlage zusammengefaßt habe, in den „Grundzügen der Religionsphilosophie“ und nicht in den „Grundzügen der practischen Philosophie“ Lotzes sich vorfinden, ist mindestens sehr naiv. Er beweist nichts gegen mich, sondern nur, wie wenig der Herr Gegner sich mit Lotzes Gedanken bekannt gemacht hat. Sonst wäre es ihm wohl schwerlich passirt, die örtliche Vertheilung inhaltlich auf's Innigste zusammengehöriger Aussprüche desselben an verschiedene Schriften als einen ernsthaften Grund gegen deren Vereinbarkeit anzuführen. Er erhebt damit gegen Lotze den Vorwurf eines Dualismus, einer doppelten Buchführung, gegen den es nicht nöthig ist, jenen großen Denker zu vertheidigen, da die Schriften desselben, insbesondere die beiden in Bezug genommenen selbst, jenen Vorwurf auf das Glänzendste widerlegen. Lotzes Denken und Fühlen war in diesem grundlegenden Punkte seiner ganzen Weltansicht viel einheitlicher, als der Herr Gegner uns glauben machen möchte. Der Ausspruch Lotze's: „Die sittlichen Gesetze bezeichnen wir als den Willen Gottes“ findet sich zwar in den Dictaten über die Religionsphilosophie, aber, wohlgemerkt, im neunten Kapitel unter der Rubrik: „Religion und Moral“, in welcher es sich gar nicht um Religionsphilosophie, sondern eben lediglich und allein um das hier in Frage kommende Verhältniß der Moral zur Religion handelt. Lotze legt hier in gar nicht mißzuverstehender Weise dar, „daß das einzige den Menschen gemeinsame Element, worauf man sich zur Begründung der Religion berufen könne, in den Aussprüchen des Gewissens bestehe, die zunächst nur sagen, was sein soll, aber dann doch indirect daraus auch eine Folgerung erlauben auf das, was ist“ (2. Aufl. S. 82). Er bezieht sich ebendort auf eine frühere Stelle (§ 59), wo er erklärt, daß er „die verpflichtende Majestät der sittlichen Gebote als die absolute, keiner Herleitung aus irgend einer anderen Quelle bedürftige Gewißheit betrachte“ und fügt hinzu: „Diese Ueberzeugung ist der durchaus fundamentale Punkt, auf welchem aller religiöse Charakter unserer Weltansicht ruht". Dieser fundamentale Punkt der Lotze'schen Weltansicht, der sich wie eine Grundmelodie durch alle Schriften des großen Denkers hindurchzieht, und in immer reicheren und volleren Klängen durchbricht, ist auch der Leitstern meiner Auffassung dieser Verhältnisse und meiner in diesem Sinne verfaßten Schriften geworden. Es geht dies unzweideutig aus dem grundlegenden Theile meiner vorerwähnten Abhandlung*) hervor, wo ich die im Gewissen enthaltenen „Voraussetzungen über das Ganze der Welt und die Stellung des Menschen in diesem Ganzen" im Einzelnen zusammengestellt und deren letzte und zugleich höchste wörtlich so beschrieben habe: „Die höchste principale inhaltliche Voraussetzung des Gewissens, welche uns den Schlüssel zum Verständniß aller übrigen liefert und den Sinn aller in das rechte Licht stellt, ist daher die, daß jener vorausgesetzte einheitliche Weltgrund ein guter, unbedingt verehrungswürdiger Grund, daß er mit einem Worte Gott ist. Der unbedingte Werth des Sittlichen ist nur verständlich als Ausfluß der Güte und Heiligkeit eines alle Weltwirklichkeit aus sich hervorbringenden allmächtigen, allweisen und allgütigen persönlichen Gottes. Die Idee Gottes bildet den Schlußstein, der allen Voraussetzungen des Gewissens Halt und inneren Zusammenhang giebt. Nur Gott können wir als unbedingtes Wesen, als vollkommene Persönlichkeit und einheitlichen Grund alles Wirklichen denken. Nur wenn wir den Weltproceß, einschließlich und unbeschadet des relativen Fürsichseins und der relativen Selbständigkeit der endlichen Geschöpfe, als das allumfassende Leben Gottes betrachten, in dem wir alle leben, weben und sind, verstehen wir die Einheitlichkeit und Zweckbestimmtheit des Weltganzen. Nur als innere Folgerichtigkeit und Beständigkeit des göttlichen Allebens ist die vorausgesetzte allgemeine Gesetzlichkeit

*) Gewissen und moderne Kultur. S. 19 sqq.

alles Geschehens denkbar. Nur die Liebe Gottes ist das verständliche Motiv einer Weltschöpfung, deren Zweck auf die durch sittliche Selbstarbeit zu erwerbende Seligkeit der Geschöpfe gerichtet ist. Das Gute, Heilige und Verehrungswürdige können wir nur als Eigenschaften eines vollkommen persönlichen Wesens denken, welches von sich selbst und seiner Herrlichkeit weiß, nicht als abstracte, in irgend welcher anderen räthselhaften Weise verwirklichte Thatbestände an sich, oder als Prädikate eines unpersönlichen Absoluten. Nur einem lebendigen persönlichen Wesen können wir Verehrung und Liebe entgegenbringen. Nur als Satzung göttlichen Willens, göttlicher Macht, göttlicher Weisheit und Liebe kann das Sittengesetz seine zwingende Autorität entfalten und behaupten. So bildet die Vorstellung des lebendigen persönlichen Gottes die höchste abschließende Idee, welche alle jene vorangeführten unabweislichen Voraussetzungen des Sittengesetzes zu dem Ganzen einer sittlich-religiösen Weltansicht vereinigt, in der wir den gedankenmäßigen Ausdruck dessen finden, was wir im Gewissen unmittelbar als wirklich erleben, und dessen wir uns schon durch die bloße Verdeutlichung dieses gegebenen Thatbestandes bewußt zu werden vermögen."

Die in Bezug genommenen drei Sätze Lotze's lauten:

1. „Die sittlichen Gesetze bezeichnen wir als den Willen Gottes;

2. Die einzelnen endlichen Geister nicht als Naturproducte, sondern als Kinder Gottes;

3. Die Wirklichkeit nicht als bloßen Weltlauf, sondern als Reich Gottes."

Der Herr Gegner will zwar den religiösen Werth dieser Gedanken nicht verkennen, findet jedoch, daß „dadurch an und für sich für das sittliche Gewissen nichts gewonnen" sei (Seite 37). Er erklärt: „Die blos theorethische Ueberzeugung von der Gotteskindschaft und dem Reiche Gottes hat gar keinen sittlichen Werth", denn „der Macht dieser Ueberzeugung verdanken wir zwar die höchsten sittlichen Leistungen", sie sei aber auch „nicht selten mit asketischer Verachtung der werkthätigen Sittlichkeit, mit Unduldsamkeit, Härte und Grausamkeit gegen andersgläubige Menschen verbunden gewesen". Ich unterstreiche diese Begründung, weil sie überaus charakteristisch ist für die Stärke der gegnerischen Position. Ist es das Bewußtsein der Gotteskindschaft oder der Göttlichkeit des Weltganzen, was die Menschen zur Askese, zur Härte, zur Grausamkeit u. s. w. getrieben hat? Oder waren es nicht vielmehr menschliche Verkehrtheiten und Leidenschaften, welche jenes erhabene Bewußtsein entehrten und schändeten, indem sie dessen wahren Sinn in's Gegentheil verkehrten? Wird das Heilige durch solchen Mißbrauch seines Sinnes und Werthes beraubt, oder sind es nicht vielmehr die Menschen, die sich des Heiligen selbst berauben, indem sie es durch Mißdeutung in ihrer Auffassung schänden? Und nun gar der erste Satz! Hat es die Menschen auch zur Härte und Grausamkeit verführt, wenn sie die Gebote ihres Gewissens als göttliche Gebote auffaßten? Es liegt auf der Hand: jene Gegenanführungen beweisen nichts gegen den sittlichen Werth der von Lotze zusammengestellten religiösen Glaubenswahrheiten, wohl aber beweisen sie, daß der Herr Gegner von dem, was jene Sätze enthalten, ein so geringes Verständniß hat, daß es uns nicht wundern darf, wenn er deren sittlichen Werth verkennt. Wer das Wesen der Religion verantwortlich macht für die Ausschreitungen, zu denen religiöser Fanatismus mitunter rohe und leidenschaftliche Gemüther aufgestachelt hat, der beweist nur, daß er vom Wesen der Religion eine sehr geringe Meinung hat. Die Beistimmung eines solchen Mannes würde mich nur bedenklich machen. Ich will deßhalb dem Herrn Gegner keineswegs verargen, wenn er meine obige Schrift „ein Gemenge religiöser Betrachtungen und banaler Phrasen nennt, welches einer Sonntagnachmittagspredigt ähnlicher sieht, als einer wissenschaftlichen Ethik", denn ich bin nicht so empfindlich wie er. Wem das Wesen der Religion so fremd geworden ist, daß er darin nichts weiter findet als eine concrete sinnliche Verkörperung seines Entwickelungsideals, daß er es für die Ermittelung der Beziehungen zwischen den religiösen Vorstellungen und dem sittlichen Leben „für im Grunde gleichgültig erachtet, welche reale Bedeutung man jenen zugesteht" (Ethik 42), von dem kann ich kein Verständniß für meine entgegengesetzte Auffassung verlangen. Aber welchen Sinn hat das Wort „Religion" in dem Munde dieses Mannes? Man sollte doch nicht die alten Etiquetten so consequent, und ich möchte fast sagen ängstlich, beibehalten, wenn es ein ganz anderer Inhalt aus eigener Fabrik ist, den man in die Hülsen der alten Begriffe füllt. Wer von uns beiden macht sich denn hier der Phrasen schuldig? Ich, der ich meiner Begeisterung für die dargestellte Sache einen sachentsprechend warmen, wenn auch vielleicht ungeschickten Ausdruck gebe; oder der Herr Gegner, der für eine Auffassung ohne allen religiösen Gehalt sich fortwährend des Wortes Religion bedient, das zwar einen guten Klang hat, aber doch nur Mißverständnisse über das Wesen der Sache erregen kann, die er damit bezeichnet. Doch das beiläufig. Ich beklage mich nicht darüber, daß sich meine Darstellung in der Auffassung des Herrn Gegners in phraseologischer Verzerrung projicirt. Jeder sieht eben die Sachen von seinem Standpunkte aus. Einigermaßen unerhört scheint mir jedoch die weitere Behauptung des Herrn Gegners, Lotze stehe in den Grundzügen seiner practischen Philosophie auf „dem nämlichen Boden", auf dem er mit seiner Ethik stehe, da Lotze, wie schon erwähnt, in der angeführten Schrift keinen anderen Standpunkt vertritt als in all seinen übrigen Schriften. Der zur Begründung dieser Behauptung in Bezug genommene Ausspruch Lotze's, wo derselbe auf die Unmöglichkeit hinweist, die einzelnen sittlichen Pflichten aus dem uns unbekannten Weltzwecke abzuleiten, hat stets auch meinen Beifall gefunden. Derselbe beweist die Behauptung nicht, sondern liegt ganz seitab von der Frage, um die es sich hier handelt. Es handelt sich hier darum, die Unbedingtheit und Heiligkeit des Sittlichen begreiflich zu machen und mit unseren Vorstellungen von Gott und Welt in Einklang zu bringen. Dazu bedarf es keiner genauen Kenntniß des Weltzwecks, sondern nur einer lebendigen Ahnung des Gemüthes von der Herrlichkeit Gottes und der Ueberzeugung, deren Hauptpunkte Lotze in jenen drei Sätzen sehr treffend formulirt hat. Hier liegt der Schwerpunkt des Inhalts und der Wirksamkeit des Lotze'schen Denkens. Die Aufstellung seiner sittlich-religiösen Weltansicht ist die größte That Lotzes. Sie ist in der Umsichtigkeit ihrer Begründung, in der Feinheit, Tiefe und Kraft ihrer Gestaltung, gleichzeitig überzeugend und erhebend, die größte That der ganzen neueren Philosophie, eine That, die, weit hinauswirkend über die engeren Kreise des Gelehrtenthums, wie ein befreiender erquickender Sonnenstrahl erwärmend und klärend in die Herzen der gesammten Laienwelt dringt. Ihrer Größe entspricht ihre Einfachheit. Sie ist eine Ausdeutung der Gewissensthatsache. Darauf beruht ihre überzeugende Kraft, ihre befreiende Macht, daß sie nur erläutert und gestaltet, was im Herzen aller lebt. Sie ist das großartigste Beispiel einer wissenschaftlichen Ethik, welche nur klärt, formulirt und begründet, was im practischen Leben stets und ständig als Kernpunkt des Sittlichen allgemein gegolten hat, gilt und stets gelten wird; welche zugleich verstanden hat, diesen Thatbestand auf die bewundernswertheste Weise mit dem erweiterten Gesichtskreise der modernen Weltansicht in Einklang zu bringen.

Das Gewissen ist und bleibt die Grundthatsache des sittlichen Lebens. Das Gewissen giebt uns einen unbedingten Maßstab des Guten, es offenbart uns die höchste Werthkategorie, welche unserem Willen als unbedingte Richtschnur gelten soll, indem sie zugleich Endzweck und wirksamstes Motiv des sittlichen Handelns ist. Alle Versuche, das Sittliche auf irgend eine andere Basis, auf irgend eine besondere Kategorie von Werthgefühlen, oder gar auf allgemeine Abstractionen von solchen Werthgefühlen zu stellen, wie z. B. auf das Princip „der Maximation der Glückseligkeit", scheitern an ihrer Unzulänglichkeit, und verrathen immer nur das Vorwiegen einer besonderen theoretischen oder practischen Liebhaberei ihrer Urheber, die sich dem Wesen des Guten als dem thatsächlichen Endergebnisse des geschichtlichen Werdeprocesses entgegenzusetzen versucht. Es giebt nichts Höheres, das als erlebbarer Werth den Willen des Individuums zum sittlichen Handeln bestimmen könnte, als das Gewissen. Alle individualistische Ethik ist Gewissensethik.

Das Gewissen ist kein fertiger Kanon, der in vollendeter Ausbildung und Gestalt allen Menschen angeboren wäre, etwa als ein Katechismus unveränderlicher Normen oder als Vorstellung eines bestimmten, unveränderlichen, für alle gleichen Zieles. Ich habe bereits die Unmöglichkeit nachgewiesen, sich das Wesen des Sittlichen in der einen oder anderen Weise nach Lage der irdischen Verhältnisse überhaupt zu denken. Das Sittliche ist nur zu denken als höchster und allgemeiner Besitz eines jeden, in der Form und Weise, wie wir das Gewissen in einem jeden verwirklicht vorfinden. Als allgemeine Anlage, in der das sittliche Wesen der menschlichen Natur seinen zutreffenden Ausdruck findet. Als eine Anlage, in der sich das Grundwesen des Menschen ausprägt, als Grundinteresse der menschlichen Natur, das die selbstschöpferische Bethätigung des menschlichen Willens maßgebend und richtunggebend bestimmen soll. Ueberall, in jedem Augenblick, in allen Lebenslagen, wo der Mensch sich auf sich selbst besinnt, wo er sich seines wahren Wesens bewußt wird. Als Anlage, die der Mensch durch seine Willensbethätigung selbst erst in sich verwirklichen, gestalten und vollenden soll, wie alle Anlagen seines Wesens; denn der Mensch kommt nicht fertig auf die Welt, er ist bestimmt, aus sich und Seinesgleichen zu machen, was er und Seinesgleichen und was sie zusammen werden und sein sollen. Eine Anlage, die doch auf allen Stufen ihrer Verwirklichung, zu allen Zeiten, bei allen Völkern, bei allen Individuen das ganze volle Wesen des Sittlichen keimartig in sich enthält. Auf allen Stufen gebietet das Gewissen unbedingt, auf allen beruht das Ansehen und die verbindliche Kraft seiner Gebote auf dem Bewußtsein der Unbedingtheit und Heiligkeit des Gebotenen. Nicht gleich ist das Gebotene zu den verschiedenen Zeiten, bei den verschiedenen Völkern; immer aber ist es das, was der Mensch soll nach der jeweilig erreichten Stufe seiner Entwickelung, nach seinen Kräften, nach seiner Einsicht. Der sittliche Werth des Gebotenen zu seiner Zeit, an seinem Orte, für diese Menschen, denen es Gewissensgebot war, wird nicht dadurch aufgehoben, daß dieselben Menschen oder ihre Nachkommen später zu höherer Einsicht gelangen, daß das verfeinerte Gewissen ihnen nicht mehr dasselbe, sondern Höheres, also Anderes gebietet, denn das Sittliche ist nicht *stabil*, es schließt das *Moment der Entwickelung als Wesensmoment* in sich, es ist stets ein *Aufgegebenes*, nie ein *fertig Gegebenes*. Zum *Wesen* des Sittlichen, also auch zur Unbedingtheit des sittlich Gebotenen, gehört dessen Entwickelungsfähigkeit, ein inneres Moment des Guten, ohne welches dieses nicht das Gute wäre, also auch nicht das *unbedingt* Gute sein könnte. Die Unbedingtheit des Sittlichen schließt die durch das Wesen des Guten selbst bedingte Entwickelungsfähigkeit desselben in sich. Wenn ich das Gute unbedingt nenne, so kann das natürlich keinen anderen Sinn haben, als daß das Gute durch nichts weiter bedingt ist, als durch seine eingene Wesensnatur, zu der die Entwickelungsfähigkeit mit gehört. Die Unbedingtheit des Gebotenen zu dieser Zeit, für diesen Menschen, für diesen Fall, wird mithin dadurch nicht aufgehoben, daß der Mensch sich veredelt, daß sein Gewissen sich verfeinert, daß es ihm später vielleicht Höheres gebietet, welches zu begreifen, zu fassen und zu thun er in jenem früheren Stadium noch nicht im Stande war. Gehört die Entwickelung einmal mit zum Wesen des Sittlichen, so ist die Unbedingtheit des Sittlichen gar nicht anders zu denken als so, wie wir sie im Gewissen thatsächlich in uns als wirklich erleben — subjectiv und objectiv. Gebietet uns das Gewissen das Höchste, was wir in jedem Augenblick nach unserem Vermögen und unserer Einsicht zu begreifen und zu thun vermögen, so ist es subjectiv unbedingt. Entspricht es dem Wesen und Willen Gottes, daß wir, wie wir nun einmal in jedem Stadium unserer Entwickelung geworden sind, so und nicht anders handeln sollen, so ist das Gebotene objectiv unbedingt. Stets, für alle Individuen, in allen Fällen, wo das Gewissen entscheidet, was wir sollen.

Nur weil es so ist, weil das Gewissen aller Menschen in den Grundzügen gleichartig ist, weil alle sich unter wesentlich gleichen Verhältnissen der inneren und äußeren Organisation und der äußeren Naturumgebung und in steter Wechselwirkung mit einander entwickeln, so gebietet ihnen allen das Gewissen im Wesentlichen dasselbe, so kommen sie zu festen Formen und Normen der Werthschätzung und des Handelns, zu einem Bewußtsein des Guten, das in allen dasselbe ist, zu einer übereinstimmenden sittlichen Beurtheilung ihrer Zwecke, ihrer Motive, ihrer Handlungen. Das Gewissen ist der gleiche oberste sittliche Maßstab der Werthschätzung für alle, es ist der erzeugende Quell der Welt der Werthe, welche die Vorstellungswelt des Menschen überall durchdringt und belebt. Das Gewissen bewirkt, daß die Welt der Werthe sich in allen gleich gestaltet, daß ein Verkehr, ein sittliches Zusammenleben und Zusammenarbeiten unter gleichen Werthvoraussetzungen zwischen den Menschen überhaupt möglich ist. Ohne das Gewissen würde solche Verständigung, solcher Verkehr, solches gemeinsames Zusammenarbeiten unmöglich sein, und damit der Mensch in einen Zustand der Verthierung zurücksinken, über den ihn nur das Gewissen erhebt.

Die Welt der Vorstellung, die sich in allen Menschen gleichartig auferbaut, die allen in Folge dessen als die Eine erscheint, in der alle leben, ihre gleichartige Entstehung weist ein lehrreiches Analogon auf mit der gleichartigen Entstehung der Welt der Werthe in allen. Wie das Gewissen in allen die gleiche Welt der Werthe schafft, so schafft eine ganz analoge Anlage im Menschen, das Gefühl der Evidenz des Wahren, als höchstes Willensmotiv der Willensthätigkeiten des Denkens und Vorstellens, eine wesentlich gleiche Welt der Vorstellung in allen, welche eine geregelte Wechselwirkung der Menschen mit den Realitäten der vorgestellten Außenwelt und, mittelst dieser, der Menschen unter einander ermöglicht. Unbewußt und nach mechanischen Gesetzen der Association verknüpfen wir zuerst unsere Empfindungen und Vorstellungen, aus denen sich die Welt der Erscheinung in uns gestaltet, aber durch bewußtes Denken und Vorstellen, also durch Willensthaten, vollenden wir den Bau. Ob dieses Erscheinungsbild der Welt in uns den Realitäten, welche wir außer uns wahrzunehmen glauben, irgendwie entspricht und mit ihnen nach constantem Verhältniß sich ändert, können wir nicht durch Beobachtung constatiren, da wir jene in ihrem Ansich nicht fassen können. Doch aber ist uns im practischen Leben ohne alle Ausnahme gewiß, daß es so sei. Wir alle verlassen uns ohne jedes Bedenken darauf, daß alle Dinge und Kräfte so sind und wirken, wie sie uns erscheinen. Auf Grund dieser nicht bewiesenen und nicht beweisbaren Voraussetzung gestalten sich unsere Vorstellung der Welt und unsere Beziehungen zu den Mitmenschen in allen auf übereinstimmende Weise. Die Voraussetzung ist für alle nur deßhalb gleich gültig, weil ihnen allen unmittelbar evident ist, daß es so sei, weil das Gefühl einer unmittelbaren

Evidenz dieser Wahrheit in allen lebt und wirkt und den Willen aller in allen hier fraglichen Beziehungen in übereinstimmender Weise bei ihrem Vorstellen, Denken und Handeln leitet. Auch unsere Gedankenwelt bauen wir alle in übereinstimmender Weise in uns auf, indem wir alle dieselben letzten Axiome als gewiß voraussetzen, deren Gewißheit wir nicht weiter beweisen können, und weiter zu beweisen nicht für nöthig halten, da sie uns allen vermöge angeborener Disposition auf gleiche Weise unmittelbar evident ist. Ganz ähnlich verhält sich's mit der Allgemeingültigkeit der logischen Gesetze des Denkens, deren Wahrheit und Sachgemäßheit für alle auf demselben Gefühle unmittelbarer Evidenz beruht. Dieses in allen gleich empfundene und gleich wirksame, für alles Denken als unbedingt werthvoll und daher unbedingt verpflichtend anerkannte Gefühl der unmittelbaren Evidenz des Wahren ist höchster Zweck und höchstes Motiv der reinen Wahrheitsforschung für alle Willensacte des Vorstellens und Denkens. Deshalb entsteht in allen eine in ihren Grundzügen gleiche Gedankenwelt, welche das auf Grund der sinnlichen Wahrnehmungen entstandene Erscheinungsbild der Welt erweitert und durch Knüpfung einer unzähligen Menge innerer Beziehungen zwischen allen Dingen und Ereignissen, durch Unterordnung des Besonderen unter allgemeinere Gesichtspunkte u. s. w., zu dem Ganzen einer Weltansicht verbindet, das unsere Phantasie zu einer lebensvollen Gesammtanschauung umgestaltet.

Das Gefühl der unmittelbaren Evidenz des Wahren bewährt seine richtunggebene und bestimmende Macht nicht blos in dem Innewerden der Wahrheit der Axiome und logischen Gesetze, sondern in der practischen Ausübung alles Vorstellens und Denkens, bei jedem Fortschritte des Erkennens, der sich auf weitere Beobachtungen, auf Mittheilung des Beobachteten oder Beweisführung und Nachdenken gründet. Der Wahrheit des bewiesenen Satzes oder der erlangten neuen Erkenntniß werden wir stets in einem

Gefühle unmittelbarer Evidenz inne, über dem es keine Instanz der Entscheidung der Wahrheit des Wahren mehr giebt, an dem schließlich auch alle Skepsis scheitert, da diese ihre Zweifelsbedenken selbst wiederum auf irgendwelche Voraussetzungen gründen muß, die ihrerseits wieder zuletzt auf unmittelbare Evidenz sich gründen. Weil alles Denken in allen auf derselben unmittelbaren Evidenz des als wahr Erkannten beruht, darum können wir uns über das als wahr Erkannte verständigen, darum können wir alle in der Weise, wie es thatsächlich der Fall ist, einander verstehen und mit einander verkehren.

Die Analogie des Kriteriums der Wahrheit, welches jeder auf diese Weise in sich trägt, mit dem Gewissen, dem Kriterium des Guten, liegt auf der Hand.

Das Vorhandensein des Ersteren ist ja auch mitunter bestritten, wie die Geschichte der Skepsis lehrt. Zuletzt von den Positivisten, die das Gefühl der Wahrheit der Axiome und der Denkgesetze aus einer durch stete Wiederholung verfestigten Gewohnheit erklären möchten, nicht ohne in ihren practischen Beweisführungen und Classificationsbestrebungen beständig die Wahrheit der Axiome und Denkgesetze in gleicher Art stillschweigend vorauszusetzen, wie wir es alle thun — ähnlich, wie auch die Leugner des Gewissens im practischen Leben als gute Gewissensethiker nach dessen Geboten zu handeln pflegen. Im Allgemeinen aber erkennt man doch das Vorhandensein eines angeborenen Kriteriums der Wahrheit im Menschen ohne Bedenken als Grundlage alles Wissens und Erkennens an. Warum will man nicht auch das Gewissen als das angeborene Kriterium des Guten anerkennen? Wie es ohne jenes keine Welt der Wahrheit geben würde, so würde es ohne dieses keine allen gemeinsame Welt der Werthe geben, deren einheitlicher höchster Maßstab das sittlich Gute ist. Solche Anerkennung ist die Voraussetzung aller Sittlichkeit. Mit der Verweigerung der Anerkennung verschwindet die Kategorie des Sittlichen aus der

Weltvorstellung des Menschen. Wie es unmöglich ist, die axiomatische und logische Wahrheit als Endergebniß einer erfahrungsmäßigen Entwickelung zu begreifen, so unmöglich ist es, den specifischen Charakter des Sittlichen anders als aus der Naturanlage des Menschen selbst zu begreifen. Beiden eigenthümlich ist der Charakter ihrer Unbedingtheit, den keine Erfahrung, sondern nur die apriorische Geistesanlage des Menschen erklären kann.

Aber mit dem Kriterium der Wahrheit ist nicht das Wahre, mit dem Kriterium der Sittlichkeit ist uns nicht das Sittliche gegeben. Beides müssen wir suchen. Durch Selbstbesinnung, Nachdenken, Erfahrung. Nicht einmal die Wahrheit der Axiome und der logischen Gesetze ist als fertiger Besitz unserem Geiste angeboren. Wir müssen sie suchen und finden, uns ihrer bewußt werden, und erst nachdem wir sie gefunden haben, und die Evidenz ihrer Wahrheit wie eine Offenbarung über uns gekommen ist, sind sie uns gewiß, so daß wir fortan nicht mehr an ihrer Wahrheit zweifeln. Daß damit das Ziel der Wahrheitsforschung nicht abgeschlossen, daß die Erkenntniß der Wahrheit vielmehr ein sich mit der wissenschaftlichen Arbeit stets erweiterndes Ziel ohne angebbares Ende ist, das bezweifelt freilich Niemand. Wohl aber herrschen solche Meinungen vielfach in Betreff des Sittlichen. Man hat oft gemeint, das Sittliche sei als ein fertiger, abgeschlossener Besitz, sei es in Gestalt von Normen oder Zwecken, den Menschen angeboren und erhalte sich in diesem Bestande stets gleich, während aller übrige Geistesbesitz entwickelungsfähig sei. Diese Meinung ist falsch, aber ihre Entstehung erklärt sich auf sehr einfache Art. Es giebt bekanntlich auch sittliche Grundsätze, welche zwar nicht in fertiger Gestalt angeboren sind, welche aber, nachdem man sie einmal entdeckt hat und sich ihrer klar bewußt geworden ist, für alle Zeiten und alle Welt ebenso feststehen wie die Wahrheit, daß $2 \times 2 = 4$ ist. Z. B. Du sollst nicht lügen. Diese Grundsätze kommen so frühzeitig zum Bewußtsein, sind so wichtig und umfassen ein so großes Gebiet der alltäglichen Motive des Handelns in Beziehung auf den Handelnden selbst und in Beziehung auf seine Mitmenschen, daß man leicht auf den Einfall kommen konnte, und sehr oft auf den Einfall gekommen ist, in dem Bestande jener einfachen Grundsätze erschöpfe sich das ganze Gebiet des Sittlichen. Ein sehr oberflächlicher Einfall. Das Gebiet des Sittlichen reicht weit über jene grundlegenden Grundsätze hinaus. Die Bestimmung des Menschen erschöpft sich nicht in einem sittlich correcten Verhalten im gewöhnlichen Verlauf des täglichen Lebens, welches allenfalls durch jene Grundsätze schon einen hinreichenden Halt bekommt. Sie schließt viel weitergehende Aufgaben in sich, die sich nur in einer fortschreitenden Entwickelung stufenweise vollenden können, deren stets sich erweiternden Inhalt wir beständig suchen müssen durch nie ermattende Selbstbestimmung, Nachdenken, Erfahrung. Aufgaben des Fürsichseins und des Füreinanderseins der Menschen. Die Erfahrung ist hier von höchster Bedeutung. Aber sie bleibt, wie schon gesagt, unvollständig, so lange wir nicht das Gewissen als den stets entscheidenden Factor bei der Bildung der sittlichen Vorstellungen, so lange wir nicht den unbedingten Charakter des Guten als den bleibenden Inhaltskern der sittlichen Entwickelung anerkennen.

Unter der beständigen Leitung und Correction des Gewissens hat sich durch die unausgesetzte Lebensarbeit der Menschen, deren Ergebnisse sich von Individuum zu Individuum, von Generation zu Generation in stets wachsendem Umfange fortgepflanzt und erweitert haben, im Laufe der geschichtlichen Entwicklung der Menschheit ein Kreis feststehender sittlicher Anschauungen, Normen und Aufgaben ausgeschieden, in dessen gemeinsamer Anerkennung alle Kulturvölker im Wesentlichen übereinstimmen, welche gleich unanfechtbar und unangefochten sind wie die wissenschaftlichen Erkenntnisse, welche den unangezweifelten Inhaltsstamm der einzelnen Wissenschaften bilden. Diesen unangefochtenen, aber selbstverständlich noch nicht abgeschlossenen Inhaltsstamm der allgemeingültigen Sittlichkeit des practischen Lebens hier im Einzelnen zu skizziren, erscheint mir völlig überflüssig, denn jedermann kennt ihn wie das ABC. Auch zwischen dem Herrn Gegner und mir dürfte in Betreff desselben kaum eine erhebliche Differenz obwalten.

Wohl aber waltet eine solche Differenz ob in Betreff des letzten Endzwecks, dem der Kreis der practisch als allgemeingültig anerkannten sittlichen Wahrheiten zuletzt dienen soll. Wohl aber in Betreff der Motive, welche die Menschen nach unserer abweichenden theoretischen Ansicht zu jenem inhaltlich übereinstimmenden sittlichen Verhalten drängen sollen.

Nach der evolutionistischen Ethik fallen, wie wir demnächst sehen werden, Zwecke und Motive auseinander. Nach der Gewissensethik ist der höchste Zweck des sittlichen Wollens die Erreichung der sittlichen Bestimmung des Menschen, in welcher alle sittlich erstrebenswerthen Ziele eingeschlossen sind. Das Bewußtsein dieser Bestimmung wird in sich selbst als höchstes unbedingtes Gut erlebt und ist als solches zugleich Grundmotiv des sittlichen Wollens. Die Gewissensethik deckt sich hierin vollständig mit der practischen Moral. Das Soll ist Licht- und Wärmequell des Lebens, der allen besonderen Aufgaben desselben Glanz und Farbe giebt, der das Leben aller, die von seinen Strahlen erleuchtet und erwärmt sind, zu einem Gute von unaussprechlichem und unendlichem Werthe macht. Die sittliche Werthschätzung des Individuallebens ist die Voraussetzung und der Kern der Gewissensethik. Das Leben ist ja sittlicher Selbstzweck, in dem sich die sittliche Bestimmung verwirklichen soll. Das Leben der Individuen, das alle Beziehungen der Individuen unter einander in sich schließt, der vergangenen, der gegenwärtigen, der kommenden.

Das Bewußtsein dieses unbedingten Werthes kann durch gesunde Bildung aufs Höchste gesteigert, durch Verbildung getrübt werden. Es setzt keine Bildung voraus, die nicht dem Geringsten erreichbar wäre, wohl aber Reinheit des Herzens, wenn es voll empfunden und wirksam sein soll. Der Geringste, der im Unglück lebt, wird dadurch reicher in sich selbst, als der Höchstgebildete in denkbar glücklichsten Lebensverhältnissen, dem das Evangelium des lauteren sittlichen Bewußtseins durch verkehrte Theorien oder verkehrtes Leben vergällt und verfinstert ist. Aus der Gesundheit und Reinheit des sittlichen Bewußtseins entspringt alle Werthschätzung des Lebens. Im Fürsichsein wie im Füreinandersein. Im Leben der Einzeln, wie in Allen, deren Leben durch gemeinsame Interessen in staatlichen und sonstigen Vereinigungen verbunden ist, deren gemeinsames Denken und Fühlen sich in der Zeitrichtung hier oder dort auf besondere Weise ausprägt. Wie sich die sittliche Bildung der Einzelnen nach der Intensität ihrer Werthschätzung des Lebens im Ganzen bemißt, so kann man die Höhe der sittlichen Gesammtkultur nicht zuverlässiger schätzen als nach dem Maße der in ihr waltenden Lebensfrische und Lebensfreudigkeit. Im einen wie im anderen Fall ist das sittliche Bewußtsein, welches den Einen oder die Gesammtheit erfüllt, der letzte Quell aller Werthschätzung des Lebens überhaupt. Ueberall ist diese daher mehr durch die Reinheit, Gesundheit, Tiefe und Kraft des sittlichen Bewußtseins bedingt als durch die Weite des Gesichtskreises, die Höhe der erreichten Bildung, die Vielfältigkeit der Aufgaben und die Reichhaltigkeit der Mittel zu ihrer Erfüllung, oder gar durch die Menge der Glücksgüter, die Leichtigkeit des Erwerbes und die Reichhaltigkeit der Unterhaltungen und Zerstreuungen. Alle Vervollkommnung in der Einrichtung und Verwaltung der Staaten, aller wissenschaftliche Fortschritt, alle Vortrefflichkeiten der Bildung, alle künstlerische Ausbildung, aller Aufschwung im Betriebe des wirthschaftlichen und des Verkehrslebens, Alles erhält seinen Werth und seine Weihe erst durch den sittlichen Geist, der überall als der Lebensnerv und die höchste Triebkraft in ihm waltet. Die Begeisterung für das sittlich Gute ist der Herzschlag aller Kultur. Blicken wir auf die Gegenwart. Sie ist in der Höhe ihrer Kulturentwickelung allen früheren Zeiten weit voraus. Sie ist es nicht in allgemeiner Begeisterung für den Werth der sittlichen Bestimmung des Menschen. Nicht überall finden wir solche Begeisterung. In weiten Kreisen der gelehrten Bildung und der Volksbildung finden wir sie fast erloschen. Theils falsche Theorieen über das Wesen des Sittlichen und dessen Endzweck, theils Ueberbildung und Genußsucht und andere Motive haben ihr die Herzen entfremdet. Diese Verhältnisse sind leider zu bekannt, um einer ausführlicheren Schilderung zu bedürfen. Der volle Werth der modernen Kultur wird erst in dem Maße erwachen und zur Vollgeltung und zum Vollbewußtsein kommen, als es gelingt, die Begeisterung für die sittliche Bestimmung des Menschen allseitig zu erwecken und zum höchsten Maßstabe der Werthschätzung und zum motivationskräftigsten Antriebe des Wollens zu machen. Das ist der Lebenspunkt der modernen Kultur. Das ist ihre wichtigste Aufgabe, die Krankheitskeime zu überwinden, die jenen Lebenspunkt gefährden, das sittliche Bewußtsein zur centralen Macht des Lebens zu machen, dessen Regungen so vielfach eingeschläfert und übertäubt sind durch die vielen Anregungen und Aufregungen der neuen Zeit, durch das lärmende Getriebe der Werkeltagsstimmung, durch die Unruhe, Hast und Vielgeschäftigkeit des modernen Lebens, durch nervöse Erregung und Blasirtheit. Eine Aufgabe, an der wir alle mitarbeiten müssen, im Leben und in der Wissenschaft, in jedem Stande und in jedem Beruf.

Nicht blos der Quell der rechten Lebensfreudigkeit ist die Begeisterung für das, was der Mensch soll, sie ist auch der Urquell der schöpferischen Kraft des Wollens. Sie ist es auf allen Gebieten des Lebens. Im Fürsichsein und im Füreinandersein, in der Gestaltung der Lebenszustände der Einzelnen und in der Gestaltung der Beziehungen der Menschen unter einander.

Die ausdrückliche Hervorhebung dieses Unterschieds und seiner Bedeutung liegt mir besonders am Herzen, da mir gegnerischerseits vorgeworfen wird, daß ich die Individuen nur als isolirte Wesen betrachte und daher kein Verständniß habe für die gemeinsamen Aufgaben der Menschen, für die Gestaltung der Beziehungen der Menschen unter einander. Nichts ist ungerechter als dieser Vorwurf. Aber ich huldige allerdings der ketzerischen, Ansicht, daß der sittliche Charakter der gemeinsamen Aufgaben der Menschen, wie sie sich insbesondere in den bleibenden Vereinigungen derselben, in Familie, Gemeinde, Staat und Menschheit gestalten und erfüllen, nur allein vom Standpunkte der Gewissensethik aus verständlich ist. Ich betrachte die Menschen nicht als isolirte, sondern als relativ selbständige Wesen, deren Wesenhaftigkeit im metaphysischen Sinne zwar nur im Bewußtsein ihres Fürsichseins besteht; ich betrachte sie aber zugleich als zusammengehörige Wesen, deren Zusammengehörigkeit in der sittlichen Veranlagung ihres Füreinanderseins und in den Interessen begründet ist, die sich unmittelbar aus dieser natürlichen Veranlagung in reicher Fülle ergeben, und sich in einer beständigen Wechselwirkung der Individuen unter einander fortwährend bethätigen. Die Thatsache einer solchen Veranlagung bezeugt uns das Gewissen, die Thatsache unseres unmittelbaren Interesses an den Beziehungen unseres Füreinanderseins bezeugt uns das Leben auf Schritt und Tritt. Die Thatsache unseres unausgesetzten Wechselwirkens mit unseren Mitmenschen endlich ist uns keinen Augenblick zweifelhaft, wenn wir auch keine völlig befriedigende theorethische Erklärung für das Zustandekommen und die Möglichkeit solchen Wechselwirkens anzugeben vermögen. Auch hierin ist die Wirklichkeit reicher als die Welt unserer metaphysischen Hilfsbegriffe, die wir zur Erklärung des Vorganges der Wechselwirkung heranzuziehen pflegen. Auch hier lasse ich die Schwierigkeit der theoretischen Erklärung ganz auf sich beruhen, denn die von uns unmittelbar jeden Augenblick erlebte und von niemand bezweifelte Thatsache genügt auch hier vollkommen, um die ethische Bedeutung der Wechselwirkung zu würdigen. Mag dieselbe, wie ich nach Lotze's ebenso geistreicher als tiefsinniger Erklärung anzunehmen geneigt bin, auf der Wesenseinheit aller fürsichseienden Wesen, also auch aller Menschen, in einem einheitlichen persönlichen Urwesen, dem vorausgesetzten einzigen Realgrunde der Welt, beruhen oder nicht. Für meine sittliche Würdigung der Thatsache der allgemeinen Wechselwirkung bleibt dieser Erklärungsversuch vorläufig ohne Einfluß. Den Thatbestand aber dürfen wir nicht anders fassen und deuten, als wir ihn unmittelbar in uns erleben, wenn wir ihn nicht verfälschen und uns in fruchtlose Speculationen verirren wollen, wie es gegnerischerseits durch die Hypothese der Gesammtwillen geschieht, als deren Theilkräfte die Individuen betrachtet werden. Die Beobachtung zeigt uns nur fürsichseiende Wesen, keine Gesammtwillen. Die Realität der Individuen reicht für unsere Wahrnehmung, und folgeweise für unsere sittliche Würdigung, soweit als ihr Fürsichsein. Aber die letztere beschränkt sich nicht auf dieses. Außer dem Individuum existiren noch andere Individuen und eine vorausgesetzte gemeinsame Welt der Dinge, in der alle leben. Die Welt und die anderen Individuen und wir selbst existiren in Wahrheit — soweit wenigstens unsere Beobachtung reicht — genau genommen nicht außer einander, sondern in einander und für einander. In dem Füreinander liegt der ethische Werth der Beziehungen derselben untereinander. Was sagt in Betreff dieser Verhältnisse zunächst die Beobachtung? An das Beobachtungsresultat allein können wir unsere ethische Würdigung der Beziehungen des Füreinanderseins anknüpfen. Die übrige Welt, und mit ihr die übrigen Menschen, existiren für mich nur in den realen Beziehungen der Wechselwirkung, welche zwischen mir und der Welt der Dinge und, durch Vermittelung dieser, zwischen mir und den übrigen Menschen unausgesetzt in einem fast den ganzen Horizont meines Bewußtseins erfüllenden Umfange stattfinden, und in meiner subjectiven Verarbeitung der durch diese Wechselwirknngen in mich überströmenden Endrücke, resp. aus den Reactionen meines Innern gegen diese Eindrücke. Diese in Gestalt sinnlicher Empfindungen und Gefühle mir zum Bewußtsein kommenden Gegenwirkungen verarbeite ich zu den Vorstellungsbildern der Welt und der Menschen. In dieser Form habe ich sie, so wie sie mir erscheinen. Mir genügt dieser Thatbestand. Er erscheint mir auch als ein Thatbestand, der allen sittlichen Anforderungen in Betreff der sittlichen Zwecke des Füreinanderseins vollkommen genügt. Was wollen wir mehr? Tragen wir doch die Welt und die Menschen nicht blos in der Vorstellung, in der kalten Vorstellung und in der kalten Reflexion in uns und mit uns umher, sondern im warmen Herzen, das sie mit seiner Wärme durchdringt und belebt! Vermögen wir doch Alles, was wir für die anderen Individuen, und mit ihnen, empfinden, auf den bekannten Wegen der Mittheilung durch Rede, Schrift, Gebärde in einer den anderen durchaus verständlichen Weise mitzutheilen, und vice versa von deren inneren Regungen auf gleiche Art zu erfahren! Ist doch jeder für sich, so lange er es sein will, sind wir doch alle wieder durch Beziehungen verknüpft, wie sie gefühlswärmer und herrlicher nicht gedacht werden können, wenn wir nicht böse Menschen sind und einander hassen! Ist die Gestaltung der gegenseitigen Beziehungen, ihre Anknüpfung und Lösung, nicht unserem Willen unterworfen, findet darin nicht die sittliche Arbeit unseres Willens ein unabsehbar reiches Feld!

Wahrlich wir stehen hier vor einem der größten Wunder der Schöpfung. Welche Seligkeit schließt dieses Wunder des Fürsichseins und des gegenseitigen Füreinanderseins der Menschen und deren Verbindung durch die lebendige Wechselwirkung in sich; wie reich wird unser Leben dadurch; welche Fülle sittlicher Aufgaben und Probleme erwächst uns daraus! Wir können diesen wunderbaren Thatbestand durch keine Zwischenschiebung irgend welcher klugen Einfälle und Hypothesen verbessern. Er ist reicher und brauchbarer als wir es irgend erdenken oder wünschen könnten. Wozu noch andere directe Entwirkungen durch die Voraussetzung der Existenz von Gesammtwillen hinzuträumen, deren Theilkräfte die Individuen sein sollen? Wir haben es nicht nur nicht nöthig, sondern wissen nicht einmal, was wir uns eigentlich dabei denken, geschweige denn, was wir damit anfangen sollen. Sie liefern ja unter allen Umständen doch keine anderen Ergebnisse, als die bekannten Arten der Wechselwirkung fürsichseiender Wesen unseres eigenen Kalibers. Ich kann nicht anders. Mir erscheint der Thatbestand, wie ihn die Beobachtung zeigt, sehr viel sinnreicher und den sittlichen Bedürfnissen nach jeder Richtung hin weit entsprechender. Nur muß man ihn vollständig auffassen, wie er ist, und vollständig würdigen, wie er ist, insbesondere ihn nicht durch einseitige Deutungen verfälschen. Die Menschen sind ebenso sehr für einander, wie sie für sich sind. Sie erleben das Glück dieses Füreinanderseins ebenso unmittelbar als das Glück irgend eines anderen glückerregenden Zustandes, den sie etwa für sich erleben, ohne dabei an die anderen zu denken. Zustände der letzteren Art sind überhaupt seltener als man denkt. Sie sind Ausnahmen, nicht die regelmäßigen Zustände der Menschen. Es sind seltene Glückszustände, die der Mensch ganz für sich allein hat. Die meisten Zustände des Wohl oder Wehe der Individuen — denn auch die letzteren müssen wir, und zwar nicht blos als negative Größen, in Betracht ziehen —

bestehen grade in dem Innewerden der Beziehungen und des Wechsels der Beziehungen zu anderen einzelnen Individuen, oder zu einer unbestimmten Anzahl, oder zu bestimmten bleibenden Gemeinschaften der Menschen, oder zu der ganzen Menschheit. Diese Arten des Wohl oder Wehe, welche die Menschen unmittelbar für einander empfinden, welche die Motive zu der Gestaltung ihrer gegenseitigen vorübergehenden oder bleibenden Beziehungen und ihres ständigen Wechselverkehrs enthalten, bilden den Hauptinhalt des menschlichen Lebens. Sie sind, wie alle anderen Arten des Wohl und Wehe, stets specifisch bestimmter Art, und nach der Qualität und Quantität unendlicher Abstufungen fähig. Man denke an die Regungen der Liebe und Freundschaft, des Wohlwollens, der Aufopferung, der Theilnahme, des Mitgefühls, oder auch nach der schwarzen Seite hin: des Hasses und der Feindschaft, der Bosheit, des Neides u. s. w. Sie bestehen entweder ganz in dem Innewerden der Beziehungen des Füreinanderseins, oder sie sind mit Wohl- oder Wehezuständen des reinen Fürsichseins mehr oder weniger eng verflochten. Wann ist der Mensch überhaupt ganz für sich, ohne an die anderen zu denken, ohne für sie oder mit ihnen zu fühlen? Vielleicht der einsame Feinschmecker, der im einsamen Zimmer eine besonders leckere Lieblingsspeise verzehrt, deren Genuß alle seine übrigen Gedanken, Vorstellungen und Empfindungen absorbirt, so daß er ganz Spargel und Carbonade ist, die er ißt. Dann ist er mal ganz für sich. Aber würde nicht doch die Gesellschaft eines guten Freundes, der die gleiche Liebhaberei theilt und seine Portion selbst bezahlt, durch die Resonnanz der gemeinsamen Freude an dem gleichen Genuß noch die Größe des letzteren erhöhen, und ihr gar einen idealen Freundschaftsbeigeschmack verleihen? Vielleicht auch ein Mathematiker, der sich in die Lösung einer schwierigen Aufgabe vertieft und sich und die Welt darüber vergißt. Oder der Hörer einer feinen Musik, der Betrachter eines Kunstwerks, in dessen Betrachtung er sich ganz vertieft. Aber wie selten und vorübergehend sind solche Momente der Concentration auf eine Glücksempfindung, in der der Mensch nur an einem Zustande des reinen Fürsichseins sich zu erfreuen pflegt! Wie abhängig sind selbst die angeführten isolirten Glücksempfindungen von der vorangegangenen Bildung, die die betreffenden Genießer nur durch Beihülfe ihrer Mitmenschen erlangen können. Nur der Gaumenkünstler mag vielleicht seine Eßfreudigkeit aus sich selbst schöpfen. Der Mathematiker und der Kunstenthusiast empfangen ihre Genußfähigkeit nur durch Unterricht oder sonstigen Verkehr mit ihren Mitmenschen. Die Beziehungen des Füreinanderseins umfangen den Menschen in seiner Wiege und lassen ihn nicht los bis an sein Ende. Der Neugeborene würde ohne die Sorge der Angehörigen hilflos verkommen. Sollte er selbst am Leben erhalten bleiben, vielleicht daß eine Wölfin ihn nährt, er würde, auf sich selbst gestellt, im Laufe seines Lebens die Stufe der Thierheit kaum überschreiten. Seine leibliche und geistige Ausbildung verdankt er den Eltern und Erziehern. Nicht blos diesen. Durch tausend Kanäle der Mittheilung und Wahrnehmung strömt in seine Seele über, was die Menschheit vor ihm gedacht und erarbeitet, was die Gegenwart an Motiven, Zwecken und Ideen erfüllt und bewegt, was an Wissen, an Kunstfertigkeit, an Erfindungen die Menschen seiner Umgebung erfüllt, was diese von anderen erfahren und so fort in's Unermeßliche. Wie unermeßlich reich wird das Leben durch diese Wechselwirkung des Menschen mit Seinesgleichen! Es wird um so reicher an Inhalt, an tausendfachen besonderen Regungen des Wohl oder Wehe, an tausend Antrieben zur That, je inniger, vielfältiger und reicher die Beziehungen des Menschen zu Seines gleichen sind. Immer, mit wenigen Ausnahmen, liegt der Schwerpunkt des Gesammtinteresses in der Sphäre des Füreinanderseins. Selbst die Interessenwelt des hartgesottensten Egoisten umfaßt das Wohl und Wehe wenigstens einzelner Mitmenschen, die ihm durch Bande des Bluts oder seiner Wahl verbunden sind. Aber diese hartgesottenen Egoisten sind gottlob Ausnahmen. Und wie arm ist deren Leben! Wie arm gegen ein Leben, das im Himmelslichte der Liebe sich entfaltet, das Liebe erweckt und Liebe empfängt! Die Liebe allein ist den Aufwand einer Weltschöpfung werth. Die Liebe ist ein Selbstzweck von unbedingtem Werth. Sie allein wäre ein würdiger Endzweck sittlichen Strebens, voll Weihe und Heiligkeit. Die Liebe in allen ihren reineren und höheren Gestaltungen: als Gattenliebe, als Eltern oder Kindesliebe, als Freundesliebe, als Nächstenliebe. Die Liebe nicht blos für sich selbst, sie ist nie für sich selbst, sie ist Hebung und Verklärung des ganzen Menschen, sie verklärt und erhöht alle anderen Werthe des Lebens, sie erhebt und läutert alle, sie beseligt das ganze Leben dessen, der von ihr erfüllt ist. Die Liebe ist die ethische Grundform und das Ideal aller Beziehungen des Füreinanderseins, derer, die durch freie Wahl und Neigung geknüpft und befestigt sind, der natürlichen Beziehungen der Familie und Stammesgemeinschaft, der festen, bleibenden, die Individuen und Generationen überdauernden Beziehungen in Gemeinde, Staat, Menschheit. Die Liebe ist in allen diesen Beziehungen Selbstzweck, also Selbstzweck von umfassendster Bedeutung, welche alle anderen nach dieser Richtung hin in sich schließt und nach Maßgabe der sonstigen Rücksichten bestimmen soll. Aber doch ist die Liebe als Selbstzweck nicht der einzige sittliche Endzweck des Lebens. Die Menschen sind nicht blos für einander, sie sind auch für sich, und der sittliche Werth ihres Fürsichseins ist selbstverständlich sogar die Voraussetzung des sittlichen Werthes der Zwecke ihres Füreinanderseins. Selbst das Wesen der Liebe besteht nicht darin, daß der Eine sein Lebensglück nur in dem der Anderen finde, in sich selbst aber gar nichts, daß sein Selbstgefühl in dem Mitgefühl für den Anderen aufginge.

In der Liebe fällt der höchste Werth des Fürsichseins mit dem höchsten Werthe des Füreinanderseins in jedem der sich liebenden Individuen zusammen. Darin beruht ihre eigentliche Stellung als höchster Selbstzweck, der an der Spitze aller übrigen steht.

Völlige Selbstlosigkeit würde die sich Liebenden auf beiden Seiten entweder zu leeren Hülsen machen, oder, wenn es ihnen vollkommen gelänge, daß jeder seine ganze Interessenwelt auf den anderen vollständig übertrüge, die Persönlichkeiten beider völlig austauschen, so daß A nun B, und B nun A würde, was gänzlich zwecklos wäre. In Wahrheit blüht in der Liebe das Leben jedes der Liebenden zu höchster Blüthe auf. Indem jeder sich dem anderen ganz dahin giebt, wird jeder um das Leben und den Interessenkreis des anderen reicher und der Reichthum wächst noch viel mehr durch das, was die Liebe aus dem gemeinsamen Leben schöpferisch hervorbringt an geistigen Lebensinhalten. Aus A und B werden nicht nur A B und B A, sondern es wird aus jedem noch viel mehr, was sich in keiner Formel darstellen läßt. Die Liebe setzt auch ihrem Wesen nach einen würdigen, einigermaßen charaktervollen Menschen mit ausgeprägten Individualinteressen voraus, mithin ein ethisch würdiges, der Liebe werthes Fürsichsein. Auf beiden Seiten. Die größten Verschiedenheiten nicht ausgeschlossen. So ist es in allen Beziehungen des Füreinanderseins. Sollen diese ethischen Werth haben, so setzen sie in den lebendigen Beziehungspunkten immer ein ethisches Fürsichsein voraus.

Die sittliche Bestimmung des Individuums gliedert sich daher in zwei unauflöslich miteinander verbundene Interessenkreise des Individuums, in den des Fürsichseins, und in den des Füreinanderseins, die in dem höchsten sittlichen Zwecke, in der Liebe, sich vollständig decken, die sich in allen anderen sittlichen Zwecken mehr oder weniger berühren, aber nie ganz von einander trennen lassen. Die extremen Fälle, Zustände, in denen die Individuen vollständig für sich, oder wo sie vollständig mit völliger Aufgebung ihres Selbst nur für andere fühlten, also von diesem Gefühle für die anderen selbst nichts hätten, weil sie innerlich leer wären, dürften kaum in das Gebiet des sittlich Erstrebenswerthen fallen. Im ersteren Falle ist dies zweifellos. Der zweite, wenn er denkbar wäre, würde der schon vorhin beschriebene Fall sein.

Beide sittliche Sphären, die des Fürsichseins und die des Füreinanderseins, sind in Wirklichkeit stets verbunden, sie lassen sich nur in denkender Betrachtung von einander sondern. Sie gehören beide ihrem vollen Umfange nach als nur in der Abstraction getrennte, aber in Wirklichkeit stets verbundene, ihrem Wesen nach zusammengehörige Glieder der sittlichen Bestimmung des Menschen an, die sich nur in beiden einheitlich gestaltet. Ich unterstreiche diesen Satz, da er für die rechte Würdigung der individualistischen Ethik von grundlegender Bedeutung ist. Es giebt nur eine Art von Ethik, die individualistische oder Gewissensethik, denn nur die Individuen leben, nur die Individuen haben ein Bewußtsein, einen Willen, ein Gewissen. Nur die Individuen können handeln. Die Socialethik bildet nur eine Provinz der individualistischen Ethik, denn die Gesellschaft führt kein eigenes Leben, sondern lebt ihr Leben in den Individuen. Die sittliche Bestimmung des Menschen umfaßt das Fürsichsein und das Füreinandersein der Menschen, sie umfaßt die individuellen und socialen Interessen, alle Beziehungen der Menschen untereinander, die vorübergehenden und wechselnden, wie die bleibenden und die Generationen überdauernden: Familie, Gemeinde, Staat, Menschheit, sowie alle gemeinsamen Aufgaben, welche mittelst dieser Gemeinschaften, oder auch abgesehen von ihnen, zu erfüllen sind.

Daß die sittlichen Zwecke des Füreinanderseins den ethischen Werth des fürsichseienden Individuallebens als lebendigen Beziehungspunkt alles Füreinanderseins voraussetzen, habe ich schon wiederholt hervorgehoben. Ohne sittliches Fürsichsein kein sittliches Füreinandersein. Umgekehrt müssen wir daran erinnern, daß auch die Individuen alles, was sie ethisch Werthvolles für sich erreichen können, nur durch einander, mit einander und für einander erreichen können. Mensch wird der Mensch erst durch den Verkehr mit Seinesgleichen. Aber nicht durch regellosen, sporadischen Verkehr. Er wird es eben durch diejenigen Verkehrsbeziehungen, die in der sittlichen Naturanlage des Menschen ihren Ursprung und ihre Erklärung finden, die im Gewissen als geheiligte Bande erlebt und als solche vom sittlichen Willen geschaffen und erhalten werden.

Wir wissen nichts Bestimmtes über die erste Entstehung der der sittlichen Vereinigungen der Menschen untereinander, aber es kommt darauf nicht an. Wir können das Wesen dieser Vereinigungen jedenfalls in den entwickelteren geschichtlich gewordenen Formen, in denen wir sie kennen, weit zuverlässiger beobachten und verstehen, als wir dasselbe aus noch so vollständigen Nachrichten über den anfänglichen Proceß ihrer Entstehung in entlegenen Zeiten und unter Verhältnißen, die wir nicht zu würdigen wüßten, etwa entnehmen könnten. Trösten wir uns daher, und freuen wir uns, daß wir diesen primitiven Zuständen längst entwachsen sind. Wir stehen mitten in den bereits reich entwickelten Zuständen der Gegenwart: als Familienväter, Gemeindeglieder, Staatsbürger, als Glieder einer leiblich civilisirten Menschheit. Worin besteht denn diese unsere Mitgliedschaft an jenen Vereinigungen? Worin besteht das Wesen und die sittliche Bedeutung dieser Vereinigungen? Bestehen sie für sich? Bestehen sie in den Menschen, und wie? Bedeuten sie etwas für sich, oder für den Menschen, und was?

Daß das Band der Ehe nicht zwischen, sondern als ein Band der Zuneigung oder Gewohnheit in den Gatten besteht, dürfte kein Kundiger bezweifeln. Ebenso wenig ist das Familienband etwas für sich, eine Realität von der nämlichen Art und Ursprünglichkeit wie etwa der Vater, die Mutter oder die Kinderchen. Auch das Familienband lebt als lebendiger, sich stets erneuernder, erfrischender und entwickelnder Zustand in den Herzen der lebendigen Familienglieder. Und selbst wenn diese sich durch Verheirathung der Söhne, und wenn das Glück gut ist, auch der Töchter, und Kinderzeugung derselben über Enkel, Urenkel und so fort erweitert, so wird daraus immer noch keine besondere Familienrealität für sich. Ebenso einleuchtend ist dem Kundigen, dem Gott wohlgewollt und eine gute Frau geschenkt hat, daß der Segen, den er und die Gute in dieser Verbindung in sich erleben, zu den höchsten sittlichen Selbstzwecken gehört, die ihnen beiden erdenklich scheinen. Auch wenn die Kinder kommen, heranwachsen, und es ist alles so recht zwischen ihnen, wie es sein soll, so werden Eltern, Kinder, Enkel u. s. w. überzeugt sein, daß das, was sie an dieser gegenseitigen Familienverbindung haben, ein Gottgewolltes, ein hohes und würdiges Endziel sittlichen Strebens sei. Ebensowenig wird bezweifelt, daß Ehe und Familienverband zugleich Mittel für viele andere sittliche Selbstzwecke sind z. B. Erzeugung und Erziehung von Kindern, gegenseitige Versorgung u. s. w., daß dieselben auch ein wichtiger Factor, ja die gesunde Grundlage des gesammten Staatslebens sind. Die sittlichen Zwecke der Ehe, der Familie, dieser allgemeinsten und häufigsten Beziehungen des Füreinanderseins, ergeben sich ohne Schwierigkeit aus der sittlichen Bestimmung des Menschen. In der Ehe, in dem Familienverbande wird der Mensch erst, was er sein soll. Dies sieht jedermann ein.

Aber für die politischen Verbände der Gemeinde, des Staates und den kosmopolitischen der Menschheit möchte man doch andere ethische Zwecke herausklügeln als solche, die sich ohne Weiteres aus der sittlichen Bestimmung des Menschen ergeben. Ja, man glaubt eine besondere Existenzform, eine andere, als die Beobachtung sie unmittelbar ergiebt, ersinnen zu müssen, um jenen Vereinigungen einen festeren Halt in sich selbst zu geben, als ihnen das Individualleben ihrer Glieder zu bieten scheint. Diese Tendenzen sind weit verbreitet. Der Evolutionismus des Befassers veranschaulicht sie in charakteristischer Weise, wie wir im nächsten Abschnitt sehen werden. Es kommt mir zunächst darauf an, die eigene Ansicht darzulegen. Greifen wir die vollkommenste Form heraus, den Staat. Worin besteht das Wesen des Staats? Es besteht nicht in dem Staatsgebiet, nicht in den äußerlich sichtbaren Hoheitszeichen, nicht in den Palästen, öffentlichen Gebäuden, Straßen, Kanälen u. s. w. Es besteht nicht in dem Regenten und seinen Beamten, nicht in der Armee, im Staatsschatz, in den Festungen und Kanonen, nicht in den Verfassungsurkunden, Gesetzbüchern oder Verordnungssammlungen. Es besteht auch nicht als ein irgendwie suspendirtes Medium von unangebbarer Realität zwischen den Menschen, die zur Zeit im staatlichen Verbande stehen, und ebensowenig in der bloßen Summe dieser Individuen. Auch wenn man die Summe aller vorangeführten Momente, in denen sich das Wesen des Staates äußerlich documentirt, und noch einiges Andere, was wir etwa vergessen haben könnten, mit der Summe der Individuen zusammenaddirt, so deckt sich das Rechnungsresultat noch keineswegs mit dem Wesen des Staats. Auch die Summe der Individualwillen und der Individualbewußtseine kann man nicht zusammenrühren, es käme kein Gesammtwille und kein Gesammtbewußtsein heraus, sondern gar nichts, denn es wäre ein unausführbarer Proceß, eine leere Gedankenspielerei. Was bleibt nun übrig? Ein sehr einfacher Gedanke, den wir hätten billiger haben können. Der Staat kann nicht für sich selbst bestehen, er ist ein Verband, der nirgend anders bestehen kann als in seinen lebendigen Beziehungspunkten, als in den Menschen, von denen man bildlich sagt, daß sie im staatlichen Verbande stehen. Wie, so höre ich entrüstet ausrufen, welche eine unwürdige, unzutreffende

Auffassung von dem erhabenen Wesen des Staates! Wie kann der Staat blos in lebendigen, wenn auch bleibenden Beziehungen zwischen den gegenwärtigen Menschen bestehen! Der Staat, der die Individuen und Generationen überdauert, der bleibende Träger aller öffentlichen Einrichtungen, der gesammten Kultur, der nicht verändert oder gefährdet wird in seinem Bestande durch das beständige Absterben der Individuen, der sich selbst erhält in allem Wechsel der Individuen und Generationen, der die vergangenen, die gegenwärtigen, die kommenden Geschlechter in sein einheitliches Wesen zusammenfaßt! Trotz alledem, es ist so und kann nicht anders sein. Es kommt nur auf die Bestimmung der rechten Art dieser Beziehungen an, denn einzigartig sind sie. Einzigartig und einheitlicher Art. Die Einheit des Staats kann nicht Lebenseinheit, nicht Bewußtseinseinheit, nicht Einheit lebendigen Fürsichseins sein, denn der Staat ist kein lebendiges, fürsichseiendes Wesen. Er lebt nicht selbst sein eigenes Staatsleben für sich. Er denkt nicht, er fühlt nicht, er weiß nichts von sich. Nur bildlich redet man vom Staat als einem lebendigen, wollenden Wesen. Die Einheit des Staats kann nur eine Einheit des Füreinanderseins der Menschen sein, und als solche nur in der beständigen einheitlichen Ausübung derjenigen lebendigen Beziehungen gegenseitiger Wechselwirkung oder sich daran schließender individueller Lebensarbeit Seitens der staatsangehörigen Individuen bestehen, in denen sich thatsächlich das Wesen des Staates kundgiebt. Es ist eine Einheit des beständigen Aufeinanderbezogenseins und sich auf einander Beziehens in allen staatsangehörigen Individuen. Nicht intellectuelle Einheit. Nicht Einheit eines Interessencentrums, um das sich alles im Staatsleben drehen müßte. Die Einheit des Staats besteht vielmehr in dem steten und garantirten einheitlichen Zusammenwirken aller mit einander in der Staatsgemeinschaft verbundenen und mit einander wechselwirkenden Interessencentren. Diese Interessencentren sind die Individuen, die im staatlichen Verbande stehen, die gegenwärtigen, die vergangenen, die künftigen. Oder die Gemeinden, Corporationen u. s. w., die zu ihren Mitgliedern wieder in einem ähnlichen Verhältnisse stehen wie der Staat zu den Individuen. In allen lebte, lebt und wird leben des Staatsinteresse, welches sie alle verbindet. In allen war, ist und wird es sein, ein constanter Antrieb einheitlichen Zusammenwirkens zu den einheitlichen Zwecken, welche wir die Staatszwecke nennen, und die sich beständig erweitern und erhöhen, wie die Zwecke des Menschen, mit denen er selber wächst. Alle Momente, welche das Wesen des Staats constituiren, vereinigen sich sehr einfach in dieser einfachen Erklärung, welche gar keine Umwege und Hypothesen, sondern nur gewissenhafte Ueberlegung des wahren Sachverhaltes braucht, um in sich selbst klar und gewiß zu sein. Der bleibende lebendige Quell des einheitlichen Zusammenwirkens der in Staatsgemeinschaft verbundenen Individuen liegt in diesen, und besteht in der beständigen Anerkennung der Staatsgemeinschaft. Auf dieses psychische Moment in den Individuen müssen wir zurückgreifen, wenn wir das Wesen des Staates definiren wollen, denn in ihm hat dasselbe seinen Halt und seine lebendige Existenz, — seine Existenz nicht für sich selbst, sondern in den Individuen. Das Wesen des Staats besteht lediglich in der fortgesetzten Anerkennung desselben Seitens aller Staatsgenossen.*) In einer Anerkennung, welche so fest in den Gemüthern wurzelt, und sich so regelmäßig und sicher von Individuum zu Individuum, von Generation zu Generation fortpflanzt, daß es den Anschein gewinnt, als sei der Staat ein selbständiges, die Generationen überdauerndes Wesen, während doch nur die lebenden Individuen

*) Dieser Gedanke trat mir zuerst in wohldurchdachter Gestalt in dem trefflichen Buche des Herrn Prof. Dr. Bierling in Greifswald („Zur Kritik der juristischen Grundbegriffe" 2 Thle. Gotha. F. A. Perthes) entgegen, und hat mich seitdem nicht wieder losgelassen.

die Staatsbeziehungen, in die sie durch ihre Geburt eintreten und die sie von ihren Vorfahren übernehmen, beständig unter sich erhalten und auf die kommenden Geschlechter fortpflanzen. Man wird auch hier Einwendungen erheben. Anerkennung wessen? Des Staats? Wird der Staat hier nicht wieder als fertiger Begriff in die Erklärung eingeschmuggelt? Keineswegs. Was man anerkennt, indem man den Staat anerkennt, ist nicht mehr das räthselhafte unangebbare und undefinirbare Wesen des Staats, dessen Räthselhaftigkeit nur allein darin bestand, daß man die irrige Voraussetzung hegte, es müsse ein irgendwie selbstständiges, irgendwie für sich bestehendes Wesen sein, dessen Realität in dieser vorausgesetzten Weise stets unangebbar bleiben wird, weil die Voraussetzung falsch ist. Was man anerkennt, indem man den **Staat** anerkennt, ist vielmehr etwas für den Intellect, das Interesse, den Willen des anerkennenden und fürsichseienden Individuums vollkommen Greifbares: Die Verfassung, die geltenden Gesetze, die bestehenden Staatseinrichtungen, die bestehenden gesetzlich geregelten Machtverhältnisse, mit einem Worte Alles, dessen Anerkennung die Vertreter der Ansprüche des Staats von den Staatsangehörigen als ein Recht fordern können. Dieses Alles kann nicht auf unangebbare Weise auf sich selbst stehen und für sich selbst bestehen, sondern nur wirklich sein als ständiges Object der Anerkennung der Individuen, die in dem staatlichen Verbande stehen. Diese greifbaren Objecte der Anerkennung, die angeführten und Alles andere, was man etwa sonst noch im Sinn hat, wenn man sich den Staat vorstellt, wenn man den Staat respectirt, ehrt und liebt, sich für ihn begeistert und für ihn arbeitet, und was ich in der Flüchtigkeit meiner Darstellung besonders anzuführen etwa vergessen habe, faßte ich nur, der Uebersichtlichkeit der Darstellung wegen, in ein einziges Wort zusammen, indem ich kurzweg den Staat als Object der Anerkennung bezeichnete, und ich behalte die Bezeichnung aus demselben Grunde bei, um nicht stets die lange Reihe der Anerkennungsobjecte statt des einen Wortes einsetzen zu müssen. Alles, was das Wesen des Staats ausmacht, was man als Attribut des Staatsbegriffes in diesen einzubegreifen pflegt, löst sich, wenn man in der Ueberlegung bis zu seinem realen Wesenskerne vordringt, ohne Rest in die Anerkennung des Staats seitens der lebendigen Individuen, die, wie wir bildlich sagen, im Staatsverbande stehen, auf. Die Verfassung besteht nicht in der Verfassungsurkunde, sondern in der ständigen Anerkennung derer, welche sie durch ihren Willen und ihre Kräfte aufrecht und wirksam erhalten. Ebenso ist es mit allen geltenden Gesetzen und bestehenden Einrichtungen. Auch mit der Staatsmacht. Diese ist nicht physische Macht eines oder mehrerer Regenten. Sie ist Macht, die schließlich auf der Anerkennung solcher Menschen beruht, welche kräftige Arme haben, um ihrer Anerkennung Nachdruck zu verschaffen, wenn jemand der Staatsmacht widerstreben sollte. Einer soliden Bürgerschaft, einer Armee, oder deren Führer, welchen wiederum die Armee gehorcht.

Auf dem Begriffe der Anerkennung liegt hier überall der Accent des ganzen Gedankens. Anerkennung ist ein weitfaltiger Begriff, den ich die Verpflichtung habe, noch etwas näher zu praecisiren. Der Sinn, in dem ich das Wort verstanden wissen will, ergiebt sich aus der Natur der Sache. Wenn ich den Staat anerkenne, so heißt das: Ich respectire ihm, so wie er ist und sein soll, objectiv als eine mir gegenüberstehende ethische Machtpotenz, subjectiv als eine ethische Machtpotenz in mir selbst. Ich respectire ihn nicht nur in meinem Intellect, sondern auch in meinem Gewissen. Ich halte ihn nicht blos für eine respectabele Wirklichkeit, sondern ich respectire ihn thatsächlich, indem ich mich verpflichtet fühle, jede mir obliegende Art activer und passiver Mitwirkung zur Erfüllung der Staatszwecke zu leisten, und ich gebe der Verpflichtung thatsächlich Folge, indem ich sie nach besten Kräften erfülle. Alle diese psychischen und physischen Momente: Die Respectirung des Staats, das Gefühl der

Verpflichtungen, die mir daraus erwachsen, den Willen ihnen Folge zu leisten und die thatsächliche Folgeleistung fasse ich in den Begriff der Anerkennung des Staats als eines zusammengehörigen fortgesetzten Processes zusammen, der sich constant durch mein ganzes Leben hindurchzieht. Die Anerkennung des Staats ist daher mehr als ein vorübergehender Act oder Zustand, sie ist eine bleibende ethische Potenz des Individuums, eine Potenz, welche den ethischen Individualcharakter als ein wichtiger constanter Lebensfactor mitbestimmt, oder vielmehr maßgebend in den wichtigsten Lebensangelegenheiten bestimmt.

Die Anerkennung kann eine freiwillige oder unfreiwillige sein. Nicht bei allen unfreiwillig, das ist undenkbar, denn in der freiwilligen Anerkennung beruht der gesunde Lebenskern des Staats und der Staatsmacht, in ihr beruht die innere Festigkeit und die Garantie der Dauer des Staats. Erst der in der freiwilligen Anerkennung festbegründete Staat kann die widerstrebenden Glieder in seine Bahnen zwingen und als mitwirkende Factoren der Staatszwecke in dem Gleise erhalten, in das er sie zwingt. Durch Strafanordnung, durch Appell an ihr Pflicht- oder Ehrgefühl, durch physischen Zwang. Wer sollte sonst der Zwinger sein, wenn es nicht in letzter Instanz die freiwilligen Anerkenner des Staates wären? Der Zwang kann physischer oder psychischer Zwang sein. Der letztere ist doch nur so lange wirksam, als ihm die physische Macht der Durchführung des angedrohten Zwanges oder der angedrohten Strafe unfehlbar zur Seite stehen. Sollten die Herrscher selbst die Zwinger sein, so müßten sie der stärkere Theil der Staatsangehörigen, d. h. die Herren sein, während die anderen die Sklaven wären. Das wäre kein Staat in unserem Sinne mehr, kein Staat auf sittlicher Grundlage. Es liegt auf der Hand, daß der Schwerpunkt der Kraft und die Garantie der Dauer der Staatsanerkennung nur allein in der freiwilligen Anerkennung beruhen kann. Eine weitere Ueberlegung, die ich abkürze, um meine Leser nicht zu sehr zu ermüden, die aber ebenso einfach als selbstverständlich ist, führt zu der Einsicht, daß die freiwillige Anerkennung des Staats nur dann eine allgemeine, zuverlässige, sichere und bleibende sein kann, wenn sie auf dem allgemeinen und bleibenden Grundinteresse der menschlichen Natur, auf dem Grunde des Sollens beruht, wenn sie als ein Hauptmoment der sittlichen Bestimmung des Menschen erkannt und allgemein als sittliche Verpflichtung ersten Ranges empfunden wird.

Daß die Anerkennung des Staats eine allgemeine sittliche Verpflichtung ist, die in der sittlichen Bestimmung des Menschen als ein Hauptmoment dieser enthalten ist, dies ist der Lebenspunkt meiner individualistischen Auffassung des Staats, denn auf diesem Bewußtsein beruht der sittliche Charakter des Staats.

Es bedarf kaum einer Begründung dieses Satzes, dessen Wahrheit vor jedermanns Augen liegt und in jedermanns Herzen lebt. Der Staat ist die der sittlichen Bestimmung des Menschen, sowohl in der Sphäre des Fürsichseins wie in der Sphäre des Füreinanderseins, allein entsprechende Weise der sittlichen Lebensgestaltung, der Einzelnen, wie der sittlichen Gestaltung der Beziehungen der Menschen zu einander. Der Einzelnen, denn der Staat ist sittliche Potenz in allen, und giebt dem Leben aller feste sachgemäße Haltung. Der Beziehungen der Menschen zu einander, denn diese bedürfen eines festen Zusammenschlusses und einer allgemeinen Ordnung, die das Leben aller zu einem sittlichen Ganzen verbindet, die das Leben aller allen dienstbar macht. Fürsichsein und Füreinandersein finden im Staat eine feste bleibende Gestaltung, welche das Leben der Individuen unermeßlich bereichert und erweitert, indem sie jeden zum Theilnehmer und Miterleber des Lebens aller macht, indem sie die Kräfte aller nach constanter Regel in den Dienst aller stellt, indem sie alle Menschen zur gemeinsamen Arbeit, zu gemeinsamen Zwecken vereinigt, welche das Leben im Sinne der sittlichen Bestimmung aller erhöhen, der lebenden und der kommenden Geschlechter. Im Staate allein verwirklicht sich das Recht, das dem Einzelnen Schutz gewährt für die freie sittliche Gestaltung seines Lebens, das im Zusammenleben und im Zusammenwirken der Willenskräfte aller eine Ordnung stiftet, vermöge deren die Willenskräfte aller den Zwecken aller nach bestimmter Regel dienstbar gemacht werden, so daß jeder gegen das Opfer gleicher Unterwerfung, die ihn nicht hindert, da Art und Maß der von ihm erforderten Dienste von der Vorausbestimmung seines eigenen Willens abhängen, die Willenskräfte aller anderen unter bestimmten Bedingungen zur Erreichung seiner Lebenszwecke verwenden kann, die Willenskraft und das geistige Kapital an Intelligenz, besonders Kunstfertigkeit und Erfahrung, welches dem Anderen zu Gebote steht, und seine Willenskraft fruchtbar macht. Unermeßlich erweitert sich dadurch die Macht des Vollbringens für jeden, die Macht, die andere schufen, die nun ein jeder zur Erfüllung seiner sittlichen Bestimmung für sich und andere verwenden kann.

Ein Grundgesetz aller sittlichen Entwickelung ist, daß ein jeder den anderen die Früchte seiner sittlichen Lebensarbeit zur Weiterverarbeitung mittheilt, durch Erziehung, Unterricht und gutes Beispiel. Dieser Mittheilungsproceß wird im Staate durch die Einrichtung von Unterrichtsanstalten, durch Bildung fester Traditionen in Sitte, Recht und Gewohnheit in geregelte Bahnen geleitet, welche jedem heranwachsenden Menschen den wichtigsten Inhalt der erworbenen Gesammtbildung auf geeignete Weise zuführen. Die Gesammtbildung findet in jedem einen neuen mehr oder weniger fruchtbaren Boden, in dem sie sich aufs Neue in eigenartiger Weise gestalten und entfalten kann. Ein jeder empfängt die Grundzüge der Gesammtbildung seiner

Zeit, die er im Geiste seiner sittlichen Bestimmung für sich und die anderen verwerthen kann.

Eine weitere sittliche Bedeutung des staatlichen Zusammenlebens besteht darin, daß in ihm die Intelligenz, die besondere Kunstfertigkeit, die Talente, der gute Wille aller sich zu gemeinsamen Aufgaben vereinigen, die das Ziel der menschlichen Bestimmung weit über die Sphäre des engen Fürsichseins hinausrücken. Diese gemeinsamen Aufgaben, an denen alle zusammenarbeiten, jeder nach seinen Kräften, seinen Fähigkeiten, nach der besonderen Stellung, die ihm durch Geburt oder Schicksal zugetheilt ist, wachsen um so mehr und werden von um so höherer Bedeutung, je mehr das staatliche Zusammenleben im Geiste der sittlichen Bestimmung sich vervollkomnet. Sie führen zu einer Arbeits- und Wirthschaftsgemeinschaft, an der alle theilnehmen, die allen zu Gute kommt, zu einer Theilung der Arbeit, die jedem ermöglicht, seine Leistungsfähigkeit auf das höchste Maß zu steigern, und zu einer Verbindung der Kräfte aller zu gemeinsamen Leistungen, welche das Vermögen der Einzelnen weit übersteigen, deren voller Segen aber allen mehr oder weniger zu Theil wird. Um bei den handgreiflichsten Dingen anzufangen: Die Straßen, Canäle, Häfen, Eisenbahnen, öffentlichen Gebäude, Anstalten, Sammlungen u. s. w. kommen allen zu Gute. Desgleichen die Errungenschaften auf den Gebieten der Wissenschaft und Kunst, der Technik und Industrie. Sie sind für alle, alle können das in ihnen angesammelte geistige Kapital voll und ganz zur Erfüllung ihrer Lebensaufgabe für sich und andere verwenden, ohne daß das Kapital verbraucht oder auch nur verringert würde.

Jedermann sieht, wie die sittliche Bestimmung der Menschen im Fürsichsein und Füreinandersein nach allen Richtungen hin in der Form des staatlichen Verbandes unermeßlich viel weiter gefördert wird, als es auf irgend eine andere Weise geschehen könnte. Die Anerkennung des Staats ist eine sittliche Verpflichtung ersten

Ranges. Aber der Staat steht nur insoweit fest und erfüllt seinen Zweck nur insoweit, als die Staatsanerkennung als sittliche Verpflichtung im Herzen der Staatsbürger empfunden und consequent ausgeübt und weiterverpflanzt wird. Es giebt kein festeres Fundament als das sittliche, es giebt kein anderes, das im Grundwesen der menschlichen Natur gleich tief und umfassend wurzeln könnte. Alle anderen Motive der Staatsanerkennung sind schwankend und unsicher: das zufällige und wechselnde Ansehen einer Herrscherfamilie, die grade bestehenden Machtverhältnisse, die Klugheits- und Nützlichkeitserwägungen. Alle anderen Motive sind nicht höchste, unbedingte Motive. Die Staatsanerkennung ist nur unbedingt als sittliche Verpflichtung.

Die dem Wesen des Staats allein entsprechende Existenzform ist die, daß er als bleibende sittliche Potenz in dem Gewissen aller Staatsbürger lebte, lebt und leben wird, der vergangenen, der gegenwärtigen, der kommenden Geschlechter.

Auch der Zweck der staatlichen Verbindung läßt sich nur vom Standpunkte der Gewissensethik aus verstehen. Er ergiebt sich aus der sittlichen Bestimmung des Menschen, der er in der angedeuteten Weise dient. Nur wenn dieses Bewußtsein alle durchdringt, wenn der Staat im Gewissen aller steht, der Regierer und Regierten, dann erst wird der volle Sinn und Werth der Staatszwecke offenbar, dann erst werden diese im sittlichen Geiste erstrebt und sich gestalten. Irre ich nicht, so gewinnt diese Auffassung im modernen Staatsbewußtsein immer breiteren Boden. Hoffen wir, daß die Theorie nicht allzuweit hinter der Praxis zurückbleibe.

In allen diesen Verbänden erweitert sich das Individualleben zu einem Gesammtleben, das alle gemeinsam leben, das durch gemeinsame Ziele geleitet, durch gemeinsame Interessen gefördert wird, das nicht blos die Mitlebenden, sondern auch die vorangegangenen und kommenden Geschlechter, ja im weiteren Sinne die ganze Menschheit und deren Schicksale umfaßt. Man darf nur dieses Bild nicht mißverstehen. Das Gesammtleben ist keine Resultantenbildung, kein gemeinsamer in einem einheitlichen Bette oder in einem einheitlichen Bewußtsein dahinfließender Strom, in welchen die individuellen Lebensläufe etwa einmünden und zu einem Ganzen zusammenrinnen könnten. Es ist auch kein Leben, das die Gesammtheit als solche leben könnte, denn die Gesammtheit ist kein Wesen, sondern ein Begriff. Es wird von Niemand gelebt als von den lebendigen Individuen. Das Gesammtleben ist vielmehr eine besondere Form des Individuallebens, das hier in seinen Interessen, Motiven und Strebungen über sich selbst hinausgreift und alle Beziehungen des Füreinanderseins mit den vorangegangenen, den gegenwärtigen und kommenden Menschen als eigene Lebensmomente in sich hegt und in sich verarbeitet. Erst wenn man dies erwägt und den Gedanken consequent bis zu Ende denkt, schwingt sich die Idee der menschlichen Bestimmung zu einer Höhe des Standpunkts empor, welcher das von jeher erlebte Gefühl ihres unbedingtes Werthes auch für den Intellect begreiflich macht, zu der Höhe, wo sie nicht blos das Fürsichsein des Einzelnen, sondern das Fürsichsein aller, das gemeinsame Leben der Menschheit umfaßt. Alles, was jemals energische, kluge, begeisterte Menschen aus freier Initiative ihres sittlichen Wollens im Geiste der sittlichen Bestimmung des Menschen schufen und erarbeiteten, sei es an religiöser Erhebung des Gemüths, an Begeisterung für das Gute, Wahre und Schöne, in Wissenschaft, Kunst und zusammenfassender Ueberlegung, in sachgemäßer Gestaltung der persönlichen, geselligen oder politischen Beziehungen des Füreinanderseins u. s. w., Alles dies wirkt in die Lebenssphären der anderen, der mitlebenden und der späteren, anregend und belebend über und weiter. Es findet in den bleibenden Vereinigungen der Menschen eine tiefere Resonanz, eine dauernde Haltung und Gestaltung und pflanzt sich in geregelter Tradition durch die nachfolgenden Generationen fort, sich höher entwickelnd, klärend und wachsend in den Seelen seiner lebendigen Träger. Alle schöpferischen Willensthaten der Einzelnen erweitern sich zu Gesammtgütern, deren jeder nach seinem Vermögen theilhaftig werden, an denen jeder sich erfreuen kann. Sie gliedern sich zu einem breiten, das geistige Leben der ganzen Menschheit in immer wachsender Ausdehnung einheitlich zusammenschließenden Gesammtstrome allgemeiner Bildung und Kultur, der zwar keine Realität für sich bildet, der nicht außer, zwischen oder neben den Individuen auf irgend welche unangebbare Weise für sich verläuft, der aber die Herzen aller Menschen durchströmt, der das Leben aller erfüllt, erwärmt und erhebt, so weit sie sich seiner bewußt zu werden vermögen, der sich in allen durch die selbstschöpferische That ihres sittlichen Willens zu einer individuellen Weltansicht ausgestaltet. Zu einer Weltansicht, in der sich das unermeßlich reiche geistige Kapital, welcher jener Gesammtstrom der Bildung mit sich führt, zu einer intensiven Form individueller Lebensfreudigkeit verdichtet, in welcher der Mensch sich seiner sittlichen Bestimmung, seiner Angehörigkeit zu dem Weltganzen, seiner Mitarbeiterschaft an dem gesammten Weltprocesse, und vor Allem und in Allem seiner Gotteskindschaft, inne wird.

So ist der Gesammtstrom der Bildung ein lebendiger Strom, dessen Werth an unzähligen Punkten lebendigen Fürsichseins erlebt, gestaltet und verarbeitet wird. Ist auch nicht allen vergönnt, den vollen Reichthum der Gesammtbildung ganz in sich aufzunehmen, so erstreckt sich doch der Segen derselben auf alle, er bietet allen etwas, er bereichert, verschönt und erhöht das Leben aller. Jeder nimmt nach seinem Vermögen an dem allgemeinen geistigen Kapitale theil, das in ihr aufgespeichert ist, jeder an der allgemeinen Machterweiterung, welche das Recht allen gewährt. Jeder verarbeitet die Anregungen, welche er aus diesem Gesammtbesitze empfängt, auf seine Weise, von seinem Standpunkte, selbstgestaltend, selbstschöpferisch.

Der Staat, das Recht, der religiöse Glaube, die gesammte Kultur, sie bestehen nicht für sich, sie sind nicht objective Werthe, sie leben in den Menschen, als sittliche Potenzen, sittliche Werthe und Antriebe, deren der Mensch sich bewußt wird. Sie sind subjective Werthe und als solche Selbstzwecke, in deren aufsteigender Vervollkommnung sich die sittliche Bestimmung des Menschen vollzieht. Daß sie in allen erblühen und wachsen, so reich, so vollständig und umfassend als möglich, daß sie hier fortwirkend Segen stiften, das ist das Endziel des sittlichen Strebens. Höchster Maßstab für alle ist und bleibt die sittliche Bestimmung des Menschen.

Nicht der Umfang und die Vielgestaltigkeit des Wissens und der Bildung geben hier den Ausschlag, sondern die Reinheit, Tiefe und Kraft des sittlichen Bewußtseins, das sich in der Eigenart jener Bildungen auf besondere Weise gestaltet. In allen Formen und Stufen der Bildung ist und bleibt der reine Kern des sittlichen Bewußtseins immer das höchste Gut. Das höchste Gut für alle und jedem erreichbar.

II. Der Evolutionismus.

Ich knüpfe an die in der Einleitung zusammengestellten Sätze an, in denen ich mit dem Verfasser übereinstimme. Unsere Differenz beginnt erst mit unserer grundverschiedenen Auffassung des Gewissens. Ich wage den Wortlaut dessen, was der Herr Gegner darüber sagt, nicht abzukürzen: (S. 413) „Von der Willensfreiheit als der inneren, durch den Charakter bestimmten Causalität des Willens sind unmittelbar die Eigenschaften abhängig, welche unsere Selbstbeurtheilung unterscheiden von der Beurtheilung anderer von uns unabhängiger Thatsachen. Indem sich nämlich jene auf ein willkürlich Gesetztes bezieht, das nicht nur anders zu denken, sondern auch anders hervorzubringen in unserer Macht steht, richtet sie sich nicht bloß auf den äußeren Effect unseres Handelns, sondern in erster Linie auf die Ursachen desselben, also die Motive, die es bestimmen, und den Charakter, der sich für jene Motive empfänglich zeigt. Der psychologische Vorgang, dessen logischen Abschluß die Selbstbeurtheilung bildet, ist aber zunächst kein Urtheilsproceß, sondern er tritt, ehe er sich zu diesem entwickelt, in der Form gefühlsstarker Vorstellungen auf, an die namentlich unmittelbar Affecte der Billigung und Mißbilligung geknüpft sind. Indem diese Affecte mit einander in Streit gerathen, können sie zugleich die Antriebe zu entgegengesetzten Acten der Selbstbeurtheilung in sich schließen. Die Sprache nennt alle diese inneren Zustände, sofern nur ihr selbstbewußter Ausdruck zu einem Urtheil über die eigenen Motive und den eigenen Charakter des wollenden Subjectes wird, das Gewissen". Ich gebe ihm zu, daß „dieser Ausdruck keineswegs einem wohldefinirten Begriffe entspricht", ohne damit einen Vorwurf gegen den Verfasser erheben zu wollen. Die Schwierigkeit liegt in der Sache. Das Gewissen ist eine Thatsache, deren Schwerpunkt in dem Vorhandensein jener gefühlsstarken Vorstellungen und jener unmittelbaren Affecte der Billigung oder Mißbilligung beruht, die sich, wie ich schon im ersten Abschnitte hervorhob, wohl erleben aber nicht definiren lassen. Ich habe deßhalb ganz auf eine Definition verzichtet und mich unmittelbar auf den Thatbestand bezogen. Dieser scheint mir in dem, was der Verfasser darüber sagt, nicht entsprechend gewürdigt zu sein. Zwar stimme ich ihm bei, wenn er die Ansichten bekämpft, welche das Gewissen als ein außerhalb der einzelnen Seelenvermögen vorhandenes Separatvermögen, oder als ein dem menschlichen Geistesleben in starrer Unveränderlichkeit fremd gegenüberstehendes Gesetz oder als ein sogenanntes reines d. h. von allen Gefühlsmotiven befreites Pflichtgebot bezeichnen. Darin aber widerstreite ich ihm, wenn er das Gewissen „in diesem allgemeinen Sinne lediglich als eine Verallgemeinerung aus allen jenen einzelnen, unter sich wieder sehr verschiedenartigen Thatsachen" begreift, „die nur in der Beziehung auf die Motive und den Charakter des eigenen Ich ihren Zusammenhang finden" (414). Wenn ich diese Aeußerung recht verstehe, so ist das Gewissen seinem wesentlichen Inhalte nach immer individueller Art und Färbung, immer bedingt durch die Subjectivität des grade in Frage kommenden geschichtlich gewordenen Charakters, es ist Product eines Entwickelungsprocesses, der sich so oder anders gestalten kann. Dem sei jedoch, wie ihm wolle. Jedenfalls bestreitet der Verfasser die Unbebingtheit der Gebote des Gewissens. Dies ist der Kernpunkt unserer Differenz. Ich betrachte das Gewissen als die Grundthatsache des sittlichen Lebens. Der Verfasser erklärt, daß es mit der Sicherheit der moralischen Imperative mißlich bestellt sei, wenn sie auf diesem Grunde ruhen müßte (418). „Selbst die Thatsache daß solche minderwerthige Beweggründe vielleicht bei der ungeheuren Mehrzahl der Menschen eine überwiegende Rolle spielen, darf uns hier nicht irre machen. Der Werth des Sittlichen kann nicht darunter Noth leiden, daß die Gründe seiner Verwirklichung im einzelnen Fall nicht der Höhe der sittlichen Ideen selber entsprechen" (419).

Er führt vier Quellen imperativer Motive an: den äußeren Zwang, den inneren Zwang, die dauernde Befriedigung und die Vorstellung des sittlichen Lebensideals mit den sie begleitenden Affecten. Unter diesen vier enthält nur der letztere eine wirkliche Erkenntniß der wahren Beweggründe und Ziele des sittlichen Lebens (424).

Man muß, um den Sinn dieser Aufstellungen zu begreifen, die weiteren Voraussetzungen des Verfassers heranziehen.

Der individuelle Wille wird als „Element eines Gesammtwillens" betrachtet, „von dem er in seinen Motiven und Zwecken getragen ist. Was vom Standpunkte des Individualwillens aus zuerst als eine Summe getheilter und sogar widerstrebender Kräfte erschien, das erweist sich so der zur vollen Selbstbesinnung erwachten Persönlichkeit als eine umfassendere Einheit, innerhalb deren in jedem Individuum die Motive und Zwecke sich spiegeln, von denen das Ganze erfüllt ist. Hierin wiederholt sich auf einer höheren Stufe der nämliche Proceß, dem die einzelne Persönlichkeit für sich schon unterworfen war. Wie das wollende Ich den gesammten außerhalb seines Willens gedachten Bewußtseinsinhalt zuerst als einen fremden sich gegenüberstellt, um ihn dann im Selbstbewußtsein wieder zu assimiliren, so trennt sich die einzelne Persönlichkeit zuerst von ihrer gleichgearteten Umgebung, um sich dann mit derselben zu einer vollbewußteren Einheit zu vereinigen" (386). Dieser Gesammtwille hat nun nach der Bestimmung des Verfassers „die nämliche Ursprünglichkeit und die nämliche Realität wie der Individualwille, auf den er in höherem Grade bestimmend einwirkt, als er selber von ihm bestimmt wird" (387). Wenn ich den Verfasser recht verstehe, so betrachtet er diese Voraussetzung selbst als metaphysische Voraussetzung. Er sagt wenigstens S. 392: „Wenn Metaphysik überhaupt einen Zweck haben soll, so ist es sicherlich der, die von der Erfahrung aufgegebenen aber mit ihrer Hülfe nur unvollständig zu erledigenden Probleme in einer zusammenhängenden Weltanschauung zu lösen. Und welches Erfahrungsgebiet enthielte solcher Probleme mehr und dringlichere als grade die Ethik? Die Dienste, welche die Metaphysik der Psychologie und Naturphilosophie leisten kann, sind allenfalls durch die Hypothesen zu ersetzen, zu denen diese empirischen Disciplinen durch ihr eigenes Bedürfniß gedrängt werden. Die Ethik aber kann zu ihrem Abschlusse einer metaphysischen Gesammtauffassung des menschlichen Geisteslebens in keiner Weise entbehren." „Der Gesammtwille steht aber den Individualwillen nicht als ein einziger und untheilbarer sondern als eine Stufenordnung einheitlicher Willensmächte gegenüber. Jede engere Gemeinschaft, welche durch übereinstimmende Vorstellungen und Bestrebungen von dem allgemeinen menschlichen Hintergrunde sich abhebt, repräsentirt einen Gesammtwillen, der in allen den Eigenschaften selbständige Realität besitzt, in denen er als selbstthätige Kraft theils auf die Einzelwillen, die unter ihm enthalten sind, theils auf die ihm übergeordneten Lebenskreise einwirkt. So ist der Individualwille nur das letzte Glied einer Stufenfolge, die sich schließlich im Unendlichen verliert" (396). „Der Maßstab für die Grenze zwischen Individualwille und Gesammtwille und innerhalb des letzteren wieder zwischen den weiteren und engeren Gestaltungen desselben ist für uns demnach kein hypothetischer, sondern ein thatsächlicher, kein außerhalb des Bewußtseins liegender, sondern ein vollbewußter. Wille und Vorstellungsinhalt sind individuell, insoweit sie der individuellen Persönlichkeit specifisch eigenthümlich sind; sie gehören zu einem Gesammtwillen, insoweit sie einer Gesellschaft von Individuen gemeinsam sind. Besteht die individuelle Seele immer nur in der actuellen seelischen Thätigkeit, nicht in einem davon verschiedenen für sich existirenden Substrat, so ist damit von selbst die Berechtigung gegeben, jenem Gesammtwillen keinen geringeren Grad von Realität zuzuschreiben als dem Individualwillen. Selbst die historische Continuität, die unser Bewußtsein mit demjenigen einer anderen Zeit verbindet, besitzt genau so viel Wirklichkeit, als ihr im Bewußtsein zukommt. Vergangene und künftige Geschlechter leben mit uns wirklich ein Leben, nicht blos scheinbar, wie dies der psychologische Atomismus annimmt. Cultur und Geschichte bilden ein wahres Gemeinleben, nicht bloß eine zufällige Resultante zahlloser Einzelbestrebungen, die sich nur äußerlich berühren und in ihrem letzten Ziele weit auseinandergehen."

„Nicht jeder Individualwille aber hat in dem Ganzen der geistigen Entwickelung die gleiche Bedeutung. Auch hier gilt der Satz: so viel Actualität, so viel Realität. Der Einzelwille, der von den die Gesammtheit bewegenden Vorstellungen und Strebungen erfüllt ist und sie in seiner eigenen Thätigkeit zu selbstbewußter Wirksamkeit erhebt, ist nicht nur der Vollbringer des Gesammtwillens, sondern auch selbst wieder in eminentem Maße befähigt die Züge seines individuellen Geistes der Gemeinschaft aufzuprägen" (395). Aus diesen Anführungen des Verf., die ich wörtlich wiedergebe, um mich nicht aufs neue dem Vorwurfe der Fälschung auszusetzen, ergiebt sich der Sinn jener Aufstellungen eines Individualwillens und eines Gesammtwillens, und die Art, wie sich der Verf. das gegenseitige Verhältniß beider denkt. Sie sind grundlegend für sein evolutionisches System.

Eine weitere, für die ethische Grundauffassung noch viel folgenschwerere Voraussetzung ist die, daß das individuelle Lebensglück sittlich ganz werthlos, daß das Gute überhaupt kein Glücksgut sei, sondern ein objectives geistiges Erzeugiß, dessen ihm vorangehende und nachfolgende Rückstrahlungen in das Einzelbewußtsein ihm erst den Charakter eines Glücks im gewöhnlichen Sinne, d. h. einer glückerzeugenden Macht geben (433). Der Schwerpunkt sittlicher Werthschätzung rückt daher aus der Sphäre des Individuallebens und fällt ausschließlich in die des Gesammtlebens. Das sittlich Werthvolle sind dem Verfasser nur die allgemeinen geistigen Schöpfungen, deren Träger die Gesammtwillen sind, wie sie in Staat, Kunst, Wissenschaft und allgemeiner Kultur in die Erscheinung treten. „Das Glück bleibt ein auf das subjective Bewußtsein wirkender Nebenerfolg jener geistigen Erzeugnisse und zugleich ein den Willen zu ihrer Erstrebung anregendes Motiv. Insofern kann es als unerläßliches Mittel zur Erreichung der Zwecke, nicht aber selbst als sittlicher Zweck betrachtet werden“ (433). Die sittliche Bedeutung des Individuallebens besteht nur in den Diensten, die es den sittlichen Zwecken der Gesammtwillen leistet. Was das Individuum für sich erstrebt ist nie sittlich. „Sich selbst erhalten zu allgemeinen, nicht zu bloß persönlichen Zwecken, beglückt sein durch allgemeine, nicht durch bloß persönliche Zwecke des eigenen Handelns, und seine Fähigkeiten ausbilden und vervollkomnen, nicht um persönlichen, sondern um allgemeinen Zwecken zu dienen: dies ist die allgemeine Maxime, nach welcher wir unsere sittliche Beurtheilung individueller Willenszwecke einrichten“ (428). „Die Erhaltung eines Einzelnen, das Glück eines Einzelnen, die Ausbildung seiner Fähigkeiten sind an und für sich an Werth vollkommen gleich, mag ich selbst oder ein Anderer dieser Einzelne sein. Hier behauptet allenfalls sogar das eigene Ich den Vorrang, weil die Mittel sein Glück und seine Ausbildung zu fördern Jenem in reicherem Maße zu Gebote stehen. Selbst die Vervielfältigung der Einzelsubjecte ändert kaum etwas an dieser Sachlage. Aus lauter Nullen läßt sich keine Größe bilden. Wenn das individuelle Lustgefühl als solches sittlich werthlos ist, so ist es auch das Lustgefühl Vieler oder Aller". (428).

Auf diesen beiden Voraussetzungen, nämlich auf der Annahme der realen Existenz der Gesammtwillen und auf der principiellen Leugnung des sittlichen Werthes alles individuellen Lebensglücks beruht der Grundgedanke der evolutionistischen Ethik des Verfassers: „So erweist sich das ethische Ideal als der letzte, die fortschreitende sittliche Vervollkomnung der Menschheit als der nächste Zweck der humanen Sittlichkeit. Die engeren Lebensgebiete, die individuelle und sociale Vervollkomnung, gehen in diesem letzten und höchsten auf. Die Vervollkomnung bleibt so lange ein bloßer Scheinbegriff, als sie im Sinne des Eudämonismus und Utilitarismus in die Vermehrung der durch sinnliche und intellectuelle Genüsse zu erreichenden Glückseligkeit verlegt wird. Denn hier bleibt immer die Glückseligkeit selbst der eigentliche und letzte Zweck. Eine selbständige Bedeutung gewinnt die Idee der Vervollkomnung erst dann, wenn der letzte sittliche Zweck als ein idealer, immer nur in Annäherungen zu erreichender anerkannt wird. Zugleich verliert aber dann die Glückseligkeit ihre ethische Bedeutung: sie ist nicht mehr Selbstzweck, sondern Nebeneffect und zugleich Hülfsmittel des sittlichen Strebens. Für das ethische Ideal selbst bleiben, da es im Unendlichen liegt, nur zwei indirecte Bestimmungen möglich. Die erste positive besteht darin, daß die Entwickelung aller menschlichen Geisteskräfte, ihrer individuellen, socialen und humanen Bethätigungen, in der Richtung, in welcher sie sich thatsächlich von den Anfängen sittlichen Lebens an vollzogen hat, über jedes erreichte Ziel hinaus ins Unbegrenzte fortgesetzt werden soll. Die zweite, negative liegt darin, daß die Hemmungen, welche diese Entwickelung erfährt, in fortschreitendem Maße vermindert werden sollen". (434).

Ich wage die letzten Sätze nicht zu unterstreichen, da sie im Text nicht unterstrichen sind, aber ich bitte, sie wohl zu beachten, denn sie enthalten den Kopf des Gedankens — das Herz würde ich sagen, wenn ich ein Herz darin fände. Wenn ich den Verfasser recht verstehe, so besteht danach der Endzweck des Sittlichen in einer in's Unendliche fortschreitenden Entwickelung, deren Träger die Gesammtwillen, deren Agenten die Individuen sind, deren Richtung nur durch den Lauf der bisherigen Entwickelung bestimmt ist.

In der Conception dieses Grundgedankens scheinen sich mir alle Fäden der ethischen Untersuchung und der ethischen Werthschätzung des Verfassers zu vereinigen. Er enthält den Standpunkt, von dem aus der Verfasser die sittliche Welt betrachtet, dem er alle Kreise der gegebenen Wirklichkeit unterordnet, der jedem seine besondere Stellung in dem Ganzen seiner ethischen Weltbetrachtung anweist und deren gegenseitiges Verhältniß bestimmt. Er enthält den Lichtquell — mag es auch ein kalter sein — der seine ethische Welt erleuchtet, der Licht und Schatten nach seiner ethischen Werthschätzung an die gegebenen Factoren der Wirklichkeit vertheilt, den Maßstab seiner ethischen Werthschätzung.

Der eigentliche Hauptträger des ethischen Entwickelungsprocesses ist danach die gesammte Menschheit, die sich jedoch wieder in eine Stufenordnung einander übergeordneter Gesammtwillen gliedert. Die ethischen Werthmomente, in denen die Entwickelung procedirt, sind jene schon erwähnten „allgemeinen geistigen Erzeugnisse menschlicher Gemeinschaft wie sie in Staat, Kunst, Wissenschaft und allgemeiner Cultur als die erreichbaren Objecte des Sittlichen in die Erscheinung treten." Ihre Hervorbringung und Förderung ist der erreichbare Zweck des sittlichen Strebens. „Die erreichten sittlichen Zwecke bestehen jeweils in der gesammten sittlichen Cultur der Gegenwart" (433). Unsere sittliche Schätzung von Menschen und Völkern bemißt sich „nicht nach dem Glück, das sie selbst genossen, auch nicht nach dem Glück, das sie ihren Zeitgenossen verschafft, sondern allein nach dem, was sie für die gesammte Entwickelung der Menschheit in alle Zukunft hinaus geleistet haben" (432). Die erreichten sittlichen Stufen sind aber niemals bleibender Zweck. Sie sind immer ein Uebergang. „Die Vergangenheit hat aufgehört, und die Gegenwart wird im nächsten Augenblick aufhören, sittliches Ziel zu sein. Der letzte Zweck des sittlichen Strebens wird so zu einem idealen, in der Wirklichkeit nie erreichbaren" (434). Es ist das der vorhin beschriebene, das ethische Ideal des Evolutionismus, in dem alle anderen Zwecke aufgehen.

Dasselbe beruht noch auf zwei weiteren kleinen Glaubensvoraussetzungen, nämlich auf der, daß die Menschheit niemals ganz vom Erdboden verschwinden werde (430) denn dann risse ja der Unendlichkeitsfaden ab, und die sittliche Arbeit der Menschheit wäre umsonst gewesen, und sodann der, daß die Triebkräfte, die sich aus der Vorstellung des sittlichen Ideals ergeben, trotz mannichfacher Trübungen und Schwankungen schließlich die Oberhand behalten werden. „Würde doch ohne die Zuversicht, daß dies so sei, mit dem letzten auch der nächste Zweck des sittlichen Strebens verschwinden und so die Wirklichkeit der sittlichen Welt in die größte aller Illusionen sich auflösen" (484).

Wir wollen diese Zuversicht einstweilen gelten lassen und uns vorerst darüber klar zu werden suchen, welche besondere Rolle den verschiedenen realen Factoren der Wirklichkeit in der ethischen Weltauffassung des Verfassers zugetheilt sei? Der Gesammtwille scheint in der Hauptsache zur Passivität verurtheilt zu sein. Ich sage: scheint, denn der Verfasser spricht sich darüber nicht ganz zweifellos aus. Bestimmt äußert er sich dahin, daß der Gesammtwille von Motiven und Zwecken erfüllt (386), daß er folgerichtig auch Gesammtbewußtsein sei (386. 396) denn sonst hätte er ja nichts von seinen Motiven und Zwecken. Er soll ja der Träger des Gesammtprocesses sein, also muß er doch von dem wissen, was er trägt. Eine andere Art von Trägerschaft ist hier wohl nicht denkbar. Wie er aber die ethischen Potenzen, welche er trägt, in ethischem Sinne verwerthet, darüber stimmen die Aeußerungen des Verfassers nicht ganz überein. S. 387 heißt es, daß „er auf die Individualwillen bestimmend einwirke", ja er soll es sogar „in höherem Grade" thun, als vice versa der Individualwille auf ihn. An anderen Stellen heißt es, daß die Motive und Zwecke, von denen der Gesammtwille erfüllt sei, sich nur in den in ihn einbegriffenen Individualwillen „spiegeln" (386. 396). S. 389 heißt es: „Wir kennen den Menschen nur als ein sociales Wesen, gleichzeitig beherrscht von einem Einzelwillen und von einem Gesammtwillen". Einige Zeilen weiter „individualisirt sich der Mensch aus einem Zustande socialer Indifferenz heraus; aber er individualisirt sich nicht, um sich bleibend von der Gemeinschaft zu lösen, aus der er hervorging". Danach wäre der Gesammtwille wie eine Art Mycelium zu betrachten, aus dem die Schwamminndividuen herauswachsen. Aehnlich lautet der Passus S. 394: „Aus einer gemeinsamen Grundlage geistiger Bethätigungen bildet sich so eine immer größer werdende Selbständigkeit der individuellen Persönlichkeit und ein dieser angehöriger specifischer Gedankenkreis, der fast mehr eine besondere Richtung darstellt, in welcher ein gemeinsamer geistiger Besitz angeeignet und verwerthet wird, als daß er selbst ein völlig getrennter Besitz wäre". S. 397 redet der Verfasser von einer „Wechselwirkung von Individual- und Gesammtwillen", auf der Familie, Gemeinde, Berufsverband, Schule, Bildungsgemeinschaft und Staat beruhen sollen. Wenn ich ihn hier recht verstehe, so ist das Wirken und Wechselwirken in den angeführten Stellen hier nur so zu verstehen, daß der Individualwille das, was er als Element oder Theilkraft des Gesammtwillens unmittelbar hat, in sich als Antrieb spontan verarbeitet. Wenigstens finde ich nirgends die Behauptung, daß irgend ein Moment der Absichtlichkeit des Wirkens der Gesammtwillen auf bestimmte einzelne Individuen zu bestimmten Zwecken stattfinden solle. Im Gegentheil, es wird ausdrücklich statuirt, daß dem Gesammtwillen „die Concentration auf bestimmte Ziele so lange abgeht, als ihm solche Ziele nicht durch einzelne, die Willensrichtung ihrer Zeit und Umgebung in sich sammelnde Individuen gezeigt werden" (S. 396). Der Verfasser spricht sich auch sonst zweifellos dahin aus, „daß der Individualwille überall die ursprüngliche schöpferische Kraft des Geistes sei". Die eigentlichen Agenten des sittlichen Entwickelungsprocesses sind daher zweifellos die Individualwillen; der Gesammtwille scheint nur bestimmt, zu tragen, was die Individuen an objectiven sittlichen Werthen erarbeiten.

Die sittlichen Zwecke sind nun, wie wir gesehen haben, keine Glücksgüter, sie werden von den Individuen nicht als Glück empfunden. Wie kommen die Individuen dazu, sie zu erstreben und durch ihren Willen zu verwirklichen, da der Individualwille doch nur durch Gefühlsmotive, also durch solche, die von ihm als Lust oder Unlust gefühlt werden, zum Wollen angeregt wird (437), da „der Mensch nur erstreben kann, was ihn beglückt" (433)? Der Verfasser will dieses Problem lösen, indem er nachzuweisen sucht, wie die Zwecke sich in Gefühlsmotive und Triebe umwandeln, denn nur solche, deren Befriedigung des Individuums Lust erregt, können dieses zur sittlichen Arbeit antreiben. Nicht schwer wird ihm dies in Betreff der „Wahrnehmungsmotive", weil bei diesen sich ja der Gefühlswerth unmittelbar an die Vorstellung des Zweckes knüpfen soll (437). Er unterscheidet hier zwei Grundgefühle, welche sich in uns als sittliche Motive bethätigen sollen: das Selbstgefühl und das Mitgefühl. Charakteristisch ist die Erklärung des letzteren. Es wird als „ein erweitertes Selbstgefühl“ beschrieben, „es besteht in dem Gefühl unmittelbarer Einheit des Individualwillens mit einem Gesammtwillen, welcher ohne bestimmte Grenzen räumlich über die Unendlichkeit aller Wesen mit gleichartigem Bewußtsein, zeitlich über die Unendlichkeit aller künftigen Bewußtseinszustände dieser Wesen sich ausbreitet“ (445). Charakteristisch ist auch ein Beispiel: „Der Lebensretter, der mit eigener Gefahr ein fremdes Kind den Flammen entreißt, sieht vielleicht in dem Augenblicke der That nichts vor sich als den unmittelbaren, ganz sein Bewußtsein fesselnden Eindruck. Zum Inhalt dieser Vorstellung steht der Affect, der ihn zur Handlung fortreißt, in gar keinem Verhältniß. Jenes Einsetzen der eigenen für die fremde Persönlichkeit ist nur begreiflich aus einem Gefühl unmittelbarer Einheit des eigenen Ich mit dem anderen, welches im entscheidenden Moment die rettende That erzwingt, als handle es sich um das eigene Leben“ (445 cf. 439. 390). Dieses Beispiel erläutert nicht nur das Verhältniß von Selbstgefühl und Mitgefühl, sondern gewährt einen sehr tiefen Einblick in die Seele dieser Ethik. Die edle Regung der Menschenliebe ist zu schwach, aber das Gefühl der unmittelbaren Einheit des Ich mit dem anderen erzwingt die rettende That. „Hieraus allein wird zugleich der beglückende Gefühlsaffect begreiflich, der solche Handlungen begleitet.“

Schwieriger gestaltet sich der Nachweis der Umwandlung sittlicher Zwecke in Motive schon in dem Gebiete der sogenannten „Verstandesmotive“. Die Art, wie der Verf. sich dieselbe denkt, illustrirt er selbst durch ein Beispiel; „Der Beamte, der dem Staate dient, übt seine Pflicht zunächst vielleicht nur, weil er darin seinen eigenen Vortheil findet: Der Industrielle, der durch die technische Verwerthung einer nützlichen Erfindung das Gemein=

wohl fördert, mag zunächst bloß sein persönliches Interesse im Auge haben; aber jener wie dieser können schließlich den allgemeinen Erfolgen ihrer Thätigkeit ihr Auge nicht verschließen, und so wird ihnen der erreichte Zweck zuerst zum mitwirkenden und endlich, wenn der Einfluß der Uebung dazu kommt, vielleicht sogar zum herrschenden Motiv" (443). Auch dieses Beispiel läßt uns tief blicken und giebt viel zu denken. Der Verf. stellt in Betreff der Verstandesmotive auf Grund seiner allgemeinen Voraussetzungen ganz ähnliche Erwägungen an wie bei den Wahrnehmungsmotiven. „Indem sich bei ihnen (sc. den Verstandesmotiven) die eigennützigen den gemeinnützigen Trieben in unserer Werthschätzung unbedingt unterordnen, erscheint dieses Verhältniß als Resultat bloßer Interessenerwägung von vornherein unbegreiflich. Denn die Maxime, daß jeder seinem eigenen Interesse am besten dient, wenn er das Gemeinwohl fördert, ist als allgemein gültige Formel von zweifelhafter Wahrheit und als Gefühlsmotiv beinahe unbrauchbar. Mindestens kann sie als letzteres erst zur Geltung kommen, nachdem die Unterordnung des Einzelwillens unter den Gesammtwillen eingetreten ist und Wirkungen geäußert hat, auf die jene empirische Maxime sich gründen läßt. Auch hier entspringt dabei aus dem Bewußtsein der unmittelbaren Einheit mit dem Gesammtwillen jenes beglückende Gefühl gemeinnütziger Thätigkeit, welches dann theils durch die Affecte, die an die Ueberwindung des Eigennutzes geknüpft sind, theils durch die äußeren Erfolge selbstloser Handlungen, unter denen immerhin auch hier Ansehen und Einfluß eine Rolle spielen, verstärkt wird" (445). Also auch hier wird die Menschenliebe, welche die Gewissensethik in Anlehnung an die unmittelbare Lebenserfahrung und die in der Praxis des Lebens allgemeingültige Würdigung dieser Verhältnisse als ein aus der sittlichen Natur des Menschen entspringendes Motiv sittlichen Handelns ohne Umschweife anerkennt, erst aus der Voraussetzung des Gesammtwillens unter Concurrenz der am

Schlusse der Anführung hervorgehobenen Rücksichten abgeleitet. Ob dabei der ethische Reingehalt dieser edlen Regung des Menschenherzens wohl entsprechend gewürdigt wird? Der denkende Leser mag es entscheiden.

Den Lebenspunkt der evolutionistischen Ethik wird man nun erst in dem Nachweise der Umsetzung der eigentlich sittlichen Zwecke in lusterregende und daher actionsfähige Motive und Triebe suchen müssen. Die eigentlich sittlichen Zwecke sollen auf die Hervorbringung objectiver Werthe gerichtet sein. Die Individualwillen sind die einzigen zu deren Hervorbringung disponiblen Agenten. Dieselben müssen, da die sittlichen Zwecke vorausgesetztermaßen nicht unmittelbar als Motive wirken können, für jene auf irgend welche Art interessirt werden. Die Vorstellungen der objectiven Werthe müssen in subjective Gefühlswerthe der Individuen umgesetzt werden, wenn diese zur Hervorbringung jener angeregt werden sollen. Es ist mir nun trotz eifrigen Suchens nicht möglich gewesen, einen irgend überzeugenden Nachweis hierfür in dem Buche des Herrn Gegners aufzufinden. Er setzt vielmehr das Vorhandensein solcher Gefühlswerthe, die als Vernunftmotive oder Vernunfttriebe wirken sollen, einfach voraus. Ohne, wie mir scheint, diese Voraussetzung mit seinen übrigen ethischen Prämissen in Einklang zu bringen. Er nennt sie „Idealgefühle," weil sie „weder in der unmittelbaren Wahrnehmung noch in der Reflexion über die nächsten empirisch erreichbaren Zwecke, sondern in der allgemeinen Voraussetzung idealer Zwecke ihre Quelle haben" (446). Er stellt diese Voraussetzung auf und redet von einer idealen Bestimmung des Menschen, aus der die Vernunftmotive als Beweggründe des Wollens entspringen sollen, aber er beweist und veranschaulicht uns nicht, wie das letztere geschehen könne, da doch die Menschen so geartet sein sollen, daß ihre möglichen Glücksempfindungen stets sittlich werthlos sind. Beide Voraussetzungen scheinen mir in einem unaufheblichen Widerspruche zu stehen. Wenn es Menschen giebt, „denen der unmittelbare Zusammenhang aller Einzelhandlungen mit der Unendlichkeit der sittlichen Welt und die Einsicht, daß der individuelle Wille der Idee dieses Zusammenhanges entspreche, zum klar bewußten Bestimmungsgrunde des Handelns geworden ist," dann ist doch die Glücksempfindung, welche jenes Bewußtwerden in sich schließt und welche jener Beweggrund des Handelns sein soll, nicht sittlich werthlos, dann wird doch die Vorstellung des Ideals selbst unmittelbar als Glück empfunden, also Zweck und Motiv zugleich. Wenn es so sein soll, wenn ich den Verf. hier recht verstehe, so würden unsere Wege ja in diesem wichtigsten Punkte zusammentreffen. Aber dieses Zusammentreffen ist doch wiederum nur ein scheinbares. Das aufgestellte Entwickelungsideal ist meiner Ueberzeugung nach nicht so beschaffen, es erscheint mir zu leer, als daß sich die Menschen dafür begeistern, daß sie seine Vorstellung als Glück, als höchstes Glück, als oberstes Motiv des Handelns, empfinden könnten. Diese Kluft klafft unüberbrückt weiter. Ich meine, es ist dem Verfasser nicht gelungen, und wird ihm nie gelingen, nachzuweisen, daß das von ihm aufgestellte Entwickelungsideal irgend welche motivationskräftige Idealgefühle, wie er sie als vorhanden voraussetzt, in den Herzen der Menschen erwecken könne.

Erinnern wir uns nun, um an das Vorgegangene wieder anzuknüpfen, der S. 419 aufgestellten vier Imperative des Gewissens, von denen nur der letztere, die Vorstellung des sittlichen Lebensideals, die Stufe der vollbewußten Sittlichkeit erreichen soll. Man wird jetzt verständlich finden, was sich der Verfasser, abweichend von der Vorstellung des sittlichen Lebensideals im gewöhnlichen Wortsinne, d. h. im Sinne der Gewissensethik, darunter denkt. Hier wie dort wird zwar ein höchster sittlicher Lebenszweck zur Richtschnur aller einzelnen Handlungen aufgestellt, aber diese Uebereinstimmung ist nur eine formale, inhaltlich gehen beide

Vorstellungen des sittlichen Lebensideals weit auseinander. Die Gewissensethik findet den höchsten sittlichen Lebenszweck in der sittlichen Bestimmung des Menschen, welche alles in sich schließt, was der Mensch für sich und andere soll. Die evolutionistische Ethik stellt ihr Entwickelungsideal, wie es vorhin beschrieben ist, als letzten Endzweck des sittlichen Handelns hin, als dessen erreichbare Objecte aber die mehrfach beschriebenen objectiven Werthe der allgemeinen Kulturentwickelung. In der Gewissensethik trägt jeder den Endzweck als höchstes Gut in sich; Zweck und Motiv fallen stets zusammen. In der Entwickelungsethik liegt der Endzweck des sittlichen Handelns außerhalb des Individuallebens und wird folgeweise nicht als subjectiver Werth erlebt, sondern ist objectiver Werth; Zweck und Motiv fallen stets auseinander. Der sittliche Lebenszweck wird erst zum individuellen Motiv, „indem ein Einzelbewußtsein die allgemeinen Zwecke der sittlichen Entwicklung in ihren durch Ort und Zeit bestimmten Bedingungen erfaßt, um in diesen Zwecken das eigene persönliche Lebensziel zu erblicken. Das individuelle und allen Einzelbestimmungen die Richtung gebende Lebensideal kann daher immer nur die besondere Gestaltung sein, die das allgemeine Menschheitsideal bezogen auf bestimmte Schranken der Zeit und der äußeren Lebensverhältnisse und auf die eigenthümliche Wirkungssphäre der einzelnen sittlichen Persönlichkeit annimmt. Denn jenes allgemeine Ideal ist selbst kein gewordenes und ein für allemal gegebenes, sondern ein ewig werdendes, nie zu vollendendes. Jedes Zeitbewußtsein faßt es in gewisse Zwecke, Motive und Normen. Der unveräußerliche Werth der letzteren liegt aber nicht in ihrer absoluten, sondern in ihrer relativen Unvergänglichkeit, nämlich darin daß jene ethischen Momente wirklich der allgemeinen Entwicklung angehören, die sich durch die stetige Vervollkommnung der sittlichen Ideen als eine zusammengehörige verräth" (421).

Von den sittlichen Normen handelt das vierte Capitel des Buches.

Der Inhalt der Normen kann, wie der Verfasser richtig und consequent bemerkt, nur in der Angabe der Beweggründe bestehen, welche uns bei unseren Handlungen leiten sollen (463).

Der Verfasser unterscheidet drei Arten von Normen, die ich hier kurz anführe (478. 599):

1. Die individuellen Normen.

a) Denke und handle so, daß dir niemals die Achtung vor dir selber verloren gehe.

b) Erfülle die Pflichten, die du dir und Anderen gegenüber auf dich genommen.

2. Die socialen Normen.

a) Achte deinen Nächsten wie dich selbst.

b) Diene der Gemeinschaft, der du angehörst.

3. Die humanen Normen.

a) Fühle dich als Werkzeug im Dienste des sittlichen Ideals.

b) Du sollst dich dahingeben für den Zweck, den du als deine ideale Aufgabe erkannt hast.

In Betreff der individuellen Normen sagt der Verfasser selbst: „Man erkennt unschwer, daß in denselben der Inhalt der sittlichen Pflicht völlig unbestimmt gelassen ist. Weder erfahren wir, auf welche Eigenschaften sich die sittliche Selbstachtung gründen kann, noch wie die Verpflichtungen beschaffen sein sollen, an denen wir uns und Anderen gegenüber festhalten müssen" (479). Sie sind daher nur „formale Vorschriften", welche den Begriff des Sittlichen eigentlich voraussetzen. „Dieser formale Charakter der individuellen Normen kann nicht überraschen, wenn wir uns an die eigenthümliche Selbstauflösung der individuellen sittlichen Zweckbegriffe zurückerinnern, welche zu dem Resultat führt, daß das Individuum niemals Selbstzweck des Sittlichen sein könne. Im vollen Gegensatze hierzu stand aber die andere Thatsache, daß sich die sittlichen Motive sämmtlich auf das individuelle Bewußtsein zurückbeziehen; denn Wahrnehmung, Verstand und Vernunft, diese drei Ursprungsgebiete sittlicher Beweggründe, sind Eigenschaften des Einzelbewußtseins. Eine nothwendige Folge dieses doppelseitigen Verhältnisses ist nun offenbar, daß die sittlichen Normen lauter Gebote sind, die für das Individuum gelten, daß dagegen ihr Inhalt sich niemals auf das Individuum selbst, sondern nur auf die allgemeinen Lebensgebiete beziehen kann, denen es als sittliche Einheit angehört" (497).

Wenn ich den Zusammenhang der aufgestellten Normen mit dem evolutionistischen Systeme des Verfassers leugne, so wird dieser zwar dagegen protestiren, denn er erklärt ja ausdrücklich, daß alle schließlich in die humanen Normen ausmünden, und daß in diesen grade der von ihm aufgestellte Idealbegriff zur Verwendung komme (483), allein er hat uns nicht dargelegt, wie aus dem aufgestellten Ideale diejenigen Beweggründe des sittlichen Handelns entspringen, welche in jenen Normen, wie sie im practischen Leben (vielleicht mit Ausnahme von 3a) allgemein anerkannt sind, ihren zutreffenden Ausdruck finden. Das gute Ansehen, dessen sich jene Normen in der Praxis des Lebens allgemein erfreuen, beruht, wie auch ohne Nachweis jedermann einsieht, auf Beweggründen ganz anderer Art, als die sind, welche sich aus dem evolutionistischen Ideal ergeben.

Ist Letzteres aber nicht der Fall, so kann der Verfasser sich auch zur Beantwortung der vorangestellten Frage: was sollen wir thun? nicht einfach auf jene Normen und deren practische Allgemeingültigkeit berufen, wie er es mir gegenüber gethan hat.

Bevor wir zur Beantwortung jener Frage schreiten, müssen wir uns die evolutionistische Ethik, welche die Antwort geben soll, doch noch einmal etwas näher ansehen. Man wiegt das Wort, wenn es eine bloße Versicherung ist, wie jene einfache Berufung auf die Normen, doch auch nach dem Munde, der es ausspricht, und nach dem Herzen, aus dem es kommt. Was hat es mit dieser Ethik überhaupt auf sich?

Der Grundgedanke derselben ergiebt sich ohne Weiteres aus den drei Voraussetzungen, welche die Basis dieses Systems bilden. Diese sind:

1. Das individuelle Lustgefühl, durch welches der Individualwille zum Handeln angetrieben wird, ist sittlich werthlos.

2. Es existiren Gesammtwillen von der nämlichen Realität und Ursprünglichkeit wie die Individualwillen.

3. Endzweck des Sittlichen ist das S. 434 beschriebene evolutionistische Ideal.

Es fragt sich zunächst, ob diese Voraussetzungen richtig sind?

Alle drei hängen so innig zusammen, daß, wenn eine von ihnen sich als irrig erweist, auch die anderen beiden und damit das ganze darauf gegründete System in sich zusammenfallen. Sie sind jedoch der Art nach verschieden. Die eigentlich thatsächliche Voraussetzung ist blos die zweite, die der Existenz der Gesammtwillen. Die erste und letzte beruhen auf einer sittlichen Werthschätzung, deren Gültigkeit jedoch, wenigstens in Betreff der letzten, durch das wirkliche Vorhandensein der Gesammtwillen bedingt ist, denn ohne diese giebt es keine objectiven Werthe, deren vorausgesetzte Träger jene sind, und kein evolutionistisches Ideal.

Giebt es nun Gesammtwillen der nämlichen Realität und Ursprünglichkeit wie die Individualwillen?

Wie ernstlich der Verfasser es mit seiner Behauptung nimmt, sehen wir aus dem Aufbau des Systems, dessen Angelpunkt die Existenz der Gesammtwillen ist. Er versteht darunter alle bleibenden, die Individuen und Generationen überdaurenden Gemeinschaften: Familie, Stammesgemeinschaft, Gemeinde, Staat, Menschheit. Er legt ihnen einen einheitlichen Willen, ein einheitliches

Bewußtsein bei. Sie werden den Individualwillen als Realitäten der nämlichen Art und Ursprünglichkeit wie diese gegenübergestellt. Sie treten nach der Behauptung des Verfassers in reale Beziehungen mit den Individualwillen, welche, wenn auch nicht immer ganz übereinstimmend, und oft nur bildlich und andeutungsweise, doch immerhin auf bestimmte Art gedacht und geschildert werden. Die Beobachtung soll uns das erkennen lassen.

Ich bestreite das sehr entschieden.

Die Beobachtung zeigt nichts der Art. Die Beobachtung zeigt uns lebendige Menschen, die auf natürliche Weise mit einander auf mannigfache Art vorübergehend oder bleibend vergesellschaftet sind. Sie zeigt uns nirgends die Verbände als Realitäten der nämlichen Art und Ursprünglichkeit wie die Willen der auf solche Art verbundenen Menschen. Nur durch Schlußfolgerung oder Speculation können wir zu solchen Behauptungen kommen, die mithin nur gelten, insoweit sie entweder bewiesen werden, oder sich etwa als brauchbare Hypothesen erweisen. Aber die Schlußfolgerung ist falsch, der hypothetische Werth der Annahme nicht nur illusorisch, sondern umgekehrt: die Hypothese der Gesammtwillen führt zu einer ganz verkehrten Auffassung und Würdigung der gegebenen sittlichen Verhältnisse. Ich werde diese Streitpunkte im Einzelnen beleuchten und bitte mir aus, meine abweichende Ansicht nicht wieder als Fälschung zu brandmarken, sondern entweder zu respectiren oder zu widerlegen, oder, was vielleicht das Klügste ist, sie todtzuschweigen.

Das Band, welches die Menschen fortgesetzt in solchen gesellschaftlichen Verbänden zusammenhält, ist kein Band, das in irgend welcher Form realer Existenz zwischen ihnen für sich wäre, oder sein könnte. Solche Bänder haben wohl Platz in der Phantasie fürsichseiender Wesen, nicht aber in der Wirklichkeit zwischen diesen. Es ist ein Band das auf keine andere Weise existirt und existiren kann als in den Menschen, dessen Wesen in nichts weiter besteht und bestehen kann als in einer fortgesetzten Anerkennung aller derjenigen Verhältnisse der gegenseitigen Willensunterwerfung oder Werthschätzung, auf denen das Bestehen der Gemeinschaft beruht, oder vielmehr; in denen die Gemeinschaft thatsächlich besteht. Soweit die menschliche Beobachtung reicht, giebt es keine andere Beziehungen unter den Menschen als die durch die geistige und leibliche Beschaffenheit derselben bedingten. Diese Beziehungen können innerlicher oder äußerlicher Art sein. Die äußeren sind durch die leibliche Organisation der Menschen und die Beschaffenheit der äußeren Natur in der bekannten Weise bedingt. Sie umfassen den unmittelbaren directen Verkehr, die directe Wechselwirkung. Die inneren bestehen immer nur in lebendigen Zuständen des individuellen Fürsichseins und können sich nur in der unmittelbar beobachteten Weise bethätigen. Die gesellschaftlichen Beziehungen bleibender Art, von denen hier die Rede ist, unterscheiden sich in formaler Beziehung nicht von den blos sporadischen, vorübergehenden Beziehungen. Inhaltlich unterscheiden sie sich von diesen allerdings in mancher Hinsicht, und zwar nicht blos durch ihre längere Dauer, sondern auch durch ihre specifische Gefühlsfärbung und durch die eigenthümliche vorstellungsmäßige Conception, in der sie sich in unserer Anschauung zu fixiren pflegen. Das Bewußtsein der Staatsangehörigkeit wird z. B. als ein eigenartiges empfunden, und ist in dieser Eigenart nicht unter andere Gefühlsarten von größerer innerer Verwandtschaft zu rubriciren. Es ist z. B. keine sinnliche Empfindung, kein Vergnügen, kein Kunstgenuß, es ist vielmehr eine Art Pflichtgefühl, aber doch wiederum mehr und anderes als das.

Ebenso ist die Vorstellung des Staats, an die sich dieses Bewußtsein knüpft, ganz eigenartiger Natur. Theils Anschauung, theils Begriff, in allen Theilen aber mit unserer ganzen Gemüths- und Interessenwelt eng verknüpft. Die Verschiedenheit dieser inhaltlichen Momente der bleibenden Beziehungen der Menschen unter einander von anderen Beziehungsmomenten vorübergehender Art ist aber nicht so groß, daß sie deren allgemeine Natur veränderte, welche darin besteht, und nur darin bestehen kann, daß sie Lebenszustände der Individuen sind, die unter einander in solchen bleibenden Beziehungen stehen. Lebenzustände, zu deren Erklärung es keiner anderen Voraussetzungen und psychologischen Vorbedingungen bedarf, als derer, welche die unmittelbare Selbstbeobachtung in uns vorhanden aufweist.

Betrachten wir beispielsweise den staatlichen Verband der Menschen, da dieser nach eigenem Ausspruche des Verf. „diejenige Gestaltung des Gesammtbewußtseins ist, in welcher dessen Charakter als Gesammtwille am klarsten zum Ausdruck gelangt" (387).

Ich greife hier auf meine Ausführungen im ersten Abschnitte zurück. Wir haben gesehen, daß der Staat seinem Wesen nach in nichts weiter besteht als in der fortgesetzten freiwilligen oder unfreiwilligen Anerkennung der seinen Bestand bildenden Machtverhältnisse, Rechte und Pflichten, Gesetze und Einrichtungen Seitens aller Staatsgenossen. Er ist um so fester gegründet, je tiefer jene Anerkennung vor Allem in dem Gewissen, daneben aber auch noch in den nationalen Eigenthümlichkeiten, Sitten, Gewohnheiten der Staatsgenossen wurzelt, je machtvoller sie ist, alle ihr widerstrebenden Motive irgend welcher Separatinteressen der Individuen in jedem Augenblicke zu überwinden. Er überdauert die Generationen, weil seine Anerkennung constantes Lebensmoment der Staatsbürger wird, welches sich mit einer durch die Einrichtungen des Staats selbst unterstützten Regelmäßigkeit und Sicherheit auf alle Nachkommen überträgt, von diesen wieder auf deren Nachkommen und so ins Unabsehbare weiter. Er hat seine Realität in dieser fortgesetzten Anerkennung und in nichts weiter. Das Wort in dem umfassenden Sinne genommen, wie ich es im ersten Abschnitte zu definiren suchte. Er hat für sich keinen Willen und für sich kein Bewußtsein, er ist nicht für sich, sondern in den Individuen, welche im staatlichen Verbande stehen, oder vielmehr: in denen der staatliche Verband steht, indem er von ihnen fortgesetzt anerkannt wird. Er hat nicht die nämliche Realität und Ursprünglichkeit wie die Individuen, sondern seine Realiät ist eine ganz andere, und sein Ursprung stammt aus der sittlichen Bestimmung des Menschen, der er als Verwirklichungsmoment dient.

Nur bildlich reden wir von dem Staate als einem selbstständigen realen Wesen, von einem Staatswillen, von einem Staatsbewußtsein. Dieses Bild hat seinen Ursprung in der vorhin schon angedeuteten besonderen Art der begrifflichen, vorstellungs- und anschauungsmäßigen Conception des Staatsgegedankens, oder vielmehr des Saatsbewußtseins, welches die Seele des Staatsgedankens ist. Diese eigenartige Conception ist insofern mehr als bloßer Begriff, und weit inhaltreicher als ein solcher sein kann, weil wir die realen Beziehungen, die wir im Staatsbewußtsein erleben und in jener Conception vorstellungsmäßig zusammenfassen nicht als gleichgültige Beziehungen erleben, sondern als solche, die unser Gemüth und unseren Willen stets in der mannigfaltigsten Art afficiren und erregen. Der Gedanke des Staats wird uns daher zu einem anschaulich belebten Bilde, welches in unserem Geistesleben durch Gemüths- und Willensbeziehungen von ethisch hochbedeutsamen Charakter festgewurzelt ist. Die unter dem Bilde des Staats vorgestellten Menschen, Dinge, Beziehungen, Verhältnisse, Gesetze und Einrichtungen fließen in der begriffs- und vorstellungsmäßigen Formulirung zu einem Gesammtbilde zusammen, dem zwar die volle inhaltliche Erfüllung und scharfe Begrenzung fehlt, weil wir nicht alle einzelnen darunter befaßten Menschen, zu denen auch die vergangenen und die kommenden Geschlechter gehören, kennen, oder, auch wenn wir sie alle kennten, nicht zugleich alle zusammenfassen könnten, weil wir die unabsehbare Vielgestaltigkeit der innerhalb des allgemeinen staatlichen Verbandes variabelen und stets wechselnden Beziehungen nicht alle zu erfassen und zu übersehen vermögen; dem aber doch stets das Bewußtsein der Einheit und Zusammengehörigkeit aller darunter befaßten Momente innewohnt. Wir übertragen unsere gemüthlichen Beziehungen zu den lebendigen staatsangehörigen Individuen, deren Vorfahren und Nachkommen, das Staatsbewußtsein, das uns als erhebende und begeisternde Gemüthsregung erfüllt, die Vorstellung des in seiner landschaftlichen Anschauung mit unserem ganzen Gemüthsleben heimathlich verwachsenen Staatsterritoriums, und tausend andere unser Gefühl und unseren Willen anregende Dinge auf das leblose Bild, welches dadurch einen so plastisch-anschaulichen Charakter erhält, daß die Versuchung nahe tritt, ihm, dem Bilde des Staats, eine selbständige lebendige Realität beizulegen. Der Verf. ist bekanntlich nicht der Erste, der dieser Versuchung unterliegt. Er giebt dem Gedanken nur eine concrete Formulirung, die sich von früheren ähnlichen Versuchen, den Staat als eine Art selbständigen Wesens zu betrachten, eigenartig unterscheidet.

Gesammtwille, Gesammtbewußtsein. Wer hat sie? Oder vielmehr, wo stecken sie? Denn ich verwerfe mit dem Verf. die verkehrte Vorstellungsweise derer, welche meinen, dem Willen, den wir in uns erleben, immer noch ein besonderes Substrat hinzudenken zu müssen, an dem der Wille hafte, einen substantiellen Träger, der den Willen hätte. Auch ich bin der Ansicht, daß es nur immer einzelne Zustände sind, die wir in uns erleben, und daß das Bewußtsein nichts weiter ist als das Innewerden dieser Zustände, Selbstbewußtsein und Ichheit nichts anderes als die Zusammenfassung aller der erlebten in der Erinnerung festgehaltenen Zustände in die Einheit eines alle in sich hegenden

Fürsichseins. Ich bezeichne es mit Lotze als verkehrt, der lebendigen Herrlichkeit dieses unmittelbar erlebten Fürsichseins noch einen leblosen dunklen Kern von Substantialität unterzuschieben, oder einzudichten, an dem, als seinem Träger, jenes lebendige Fürsichsein haften müsse. Ich halte diese hypostasirten realen Wirklichkeitskerne für ganz überflüssige Phantasieen und identificire das unmittelbare Fürsichsein mit dem Gedanken der Realität. Ja, alles Reale, was unsere Weltansicht erfüllt: die Steine, Gebirge, Flüsse, der ganze Erdball mit allem, was darauf ist und alle Gestirne, alle diese plastischen Realitäten sind das, was sie uns sind, nur in unserem Fürsichsein. Ich kenne keine andere Art von Realität als das Fürsichsein. Auch die Realität des Gesammtwillens könnte nur eine Realität des Fürsichseins sein, zumal, wenn der Gesammtwille die nämliche Realität haben soll wie der Individualwille, dessen Realität eben in seinem Fürsichsein besteht. Wo ist nun der Gesammtwille für sich? Die Beobachtung weist ihn nirgends auf. Er ist eine Phantasievorstellung. Eine Phantasievorstellung, die im Geiste des Verf. dadurch entstandeu zu sein und erhalten zu werden scheint, daß dieser sich die Einwirkungen des Staats auf die Individuen, und umgekehrt der Individueu auf den Saat, in ganz ähnlicher Weise denkt, wie die Einwirkungen verschiedener psychischer Motive desselben Individuums auf einander. Daß er sich die Wechselwirkungen zwischen Staat und Individuum, und umgekehrt, in dieser Weise denkt, äußert er zwar nicht ausdrücklich, aber seine bezüglichen Aeußerungen deuten sehr bestimmt darauf hin, wenn er z. B. davon redet, daß die Motive und Zwecke des Gesammtwillens sich in den Individualwillen spiegelen, daß sie direct auf einander wirken sollen, daß ein Gefühl unmittelbarer Einheit des Individualwillens mit dem Gesammtwillen bestehen soll, welches sich z. B. in dem Einsetzen der eigenen Persönlichkeit für die fremde bei der Lebensrettung bethätigen soll.

Nun bietet aber die unbefangene Beobachtung der einschlägigen Verhältnisse zu solchen Annahmen nirgends den mindesten Anlaß. Alles geht auf ganz natürliche Weise zu. Was lehrt denn die Beobachtung über die Wechselwirkung zwischen Staat und Individuum, und umgekehrt? Wenn uns auch nichts Zuverlässiges überliefert ist über die Entstehung der bekannten geschichtlichen Staatsverbände, so gestattet uns doch die Beobachtung einen vollkommen zuverlässigen Einblick in die allmähliche Entstehung der Theilnahme des einzelnen Menschen, der in diesen Staaten geboren wird, an diesem Verbande, in die Entstehung und Entwickelung der Anerkennung des Staates in der Seele der neugeborenen Staatsbürger. Vor dem Gesetz gehört dieser dem Staate, in dem er von staatsangehörigen Eltern geboren wird, zwar schon durch die Geburt an. Wenn er jedoch von seinen Angehörigen getrennt und in fremden Landen und Umgebungen großgezogen werden würde, ohne seine politische Staatsangehörigkeit zu verlieren, so würde sich ihm der Staat, als Gesammtwille gedacht, doch niemals durch irgend welche auf unmittelbarer Wesensidentität beruhende Einwirkungen unmittelbarer Art, d. h. durch irgend welche directe Einwirkungen, bemerklich machen können. Es giebt solche Einwirkungen überhaupt nicht, sie sind eine reine Phantasie. Der neugeborene Staatsbürger erfährt von seiner Staatsangehörigkeit nicht mehr und auf keine andere Weise etwas, als was ihm durch Unterricht oder sonstige Mittheilung anderer Menschen, oder durch eigene Beobachtung im Laufe seines Lebens auf den bekannten durch die natürliche Organisation der Menschen bedingten Wegen der Mittheilung und der Wechselwirkung von Mensch zu Mensch zu Theil werden kann und zu Theil wird. Die Motive und Zwecke des Staats könnten sich, vorausgesetzt, daß es solche als Motive und Zwecke eines staatlichen Gesammtwillens überhaupt gäbe, niemals unmittelbar, vermöge irgend welcher Wesenseinheit des Menschen mit dem Staate, in ihm spiegeln, oder sonst unmittelbar mittheilen. Er könnte sie nur auf die angegebene Art von seinen Mitmenschen oder durch eigene Beobachtung erfahren. Aber der Staat als solcher hat überhaupt keine Motive und Zwecke, und kann sie seiner Natur nach nicht haben. Nur die staatsangehörigen Individuen, seien sie Regierer oder Regierte, Beamte oder schlichte Bürger, können Motive und Zwecke haben, welche sich auf den Staatsverband beziehen und den Staatsverband selbst bilden, erhalten oder auf irgend welche Weise zur Geltung und Anerkennung bringen. Nur die Individuen können staatliche Motive und Zwecke hegen, können sie durch ihren Individualwillen verwirklichen und auf einander wirken.

Der Staat besteht aber darum keineswegs blos in der Summe der staatsangehörigen Individuen. Der Verfasser läßt mehrfach durchblicken, daß die Verneinung seiner Auffassung des Staats als Gesammtwillen consequentermaßen zu einer solchen ganz verkehrten Auffassung führen müsse, die er mit Recht energisch bekämpft. Der Staat besteht, wie ich im ersten Abschnitt sehr ausführlich dargelegt habe, vielmehr darin, daß die staatsangehörigen Individuen, und zwar nicht diese allein, sondern auch ihre Vorfahren und Nachkommen, dauernd in dieser Weise mit einander verbunden sind, oder richtiger: sich fortgesetzt mit einander verbinden. In dieser bleibenden Verbindung besteht und erhält sich der Staat, in einer Verbindung mithin, die ganz etwas Anderes und mehr ist als die Summe der gegenwärtig lebenden staatsangehörigen Individuen. Er besteht darin, daß die staatsangehörigen Individuen dem Staate eben dadurch angehören, den Staat beständig dadurch bilden und erhalten, daß sie die Verfassung, die Staatsobrigkeit, die Staatsgesetze und Staatseinrichtungen u. s. w. fortgesetzt freiwillig oder unfreiwillig anerkennen, daß sie diese Anerkennung als constantes ethisches Lebensmoment in sich hegen und als maßgebendes ständiges Motiv ihres Handelns auf die vielfältigste Art bethätigen. Dazu zwingt sie keine geheimnißvolle Einwirkung eines sie alle als Elemente oder Theilkräfte in sich hegenden Gesammtwillens, sondern es veranlassen sie dazu Motive, die aus ihrem eigenen Seelenleben fortgesetzt in derselben Weise entstehen und sich ständig erhalten. Motive die vor Allem aus ihrem Gewissen, ihrer Vaterlandsliebe, ihrem Rechtsgefühl, theils aus allen mehr oder weniger gemeinsamen Gewohnheiten des Fühlens und Denkens, aus Stammeseigenthümlichkeiten, aus Furcht vor angedrohten Strafen und leider oft auch aus blos egoistischen Motiven anderer Art, fortgesetzt entspringen und sich erhalten. Die unausgesetzt in allen, und mit solcher Constanz, Regelmäßigkeit und Uebereinstimmung in allen entstehen, sich erhalten und fortpflanzen, daß durch sie, aber auch allein durch sie, der Bestand des Staates in Gegenwart und Zukunft garantirt wird.

Diese Regelmäßigkeit und Uebereinstimmung der Motive der Staatsanerkennung in allen staatsangehörigen Individuen, deren Vorfahren und Nachkommen, sind das charakteristische Merkmal des staatlichen Verbandes. Auf der Thatsächlichkeit ihres bleibenden Vorhandenseins allein beruht der Bestand, in ihr besteht das Wesen des Staates.

Ich habe im ersten Abschnitt meine Ansicht darüber entwickelt, auf welcher ethischen Basis jene Regelmäßigkeit und Uebereinstimmung beruht und nur allein beruhen kann. Der Staat ist ein Hauptmoment der sittlichen Bestimmung des Menschen, sowohl in der Sphäre des Fürsichseins wie in der Sphäre des Füreinanderseins. Er steht als unantastbares ethisches Postulat auf dem Gewissen der Staatsbürger und hat nur in dem sittlichen Bewußtsein dieser den Kern seines Wesens, den unerschöpflichen Quell seiner Kraft nnd

Gesundheit, die Garantie seiner Dauer, den Grund seines Ansehens und seiner sittlichen Weihe.

Diese ethische Basis des Staates, die nur in den Individuen existirt und existiren kann, verkennt der Verfasser, indem er den Staat als einen Gesammtwillen von der nämlichen Realität und Ursprünglichkeit betrachtet wie die Individualwillen. Durch die Aufstellung dieses verschwommenen Begriffes verdunkelt er die wahre ethische Bedeutung des Staates, welche nur in dem besteht, was der staatliche Verband für die sittliche Bestimmung des Menschen im Fürsichsein und im Füreinandersein leisten soll.

Auch darin irrt der Verfasser, daß er behauptet, der Staat als solcher sei der Träger aller der Momente der Kultur und Sitte, in denen das übereinstimmende Fühlen und Denken einer Gesellschaft sich ausprägt, und zwar deshalb, weil er eine die Individuen überdauernde Realität, ein Gesammtbewußtsein und Gesammtwille sei. Die Individuen sind die Träger, nicht der Staat. Die Individuen tragen alle jene Momente der Kultur: Sprache, religiöse Anschauungen, gemeinsame Lebensgewohnheiten und Normen des Handelns u. s. w. Sie tragen und übertragen jene Momente der Kultur um so sicherer und zuverlässiger je tiefere und bleibendere Wurzeln jene im Leben der Individuen geschlagen haben. Diese Wurzeln und die Lebenskraft, welche daraus hervorsproßt, werden natürlich in dem Maße gesunder, ausgeprägter und haltbarer, je mehr Nahrung ihnen aus dem ständigen Verkehre mit anderen gleichgesinnten und gleichdenkenden Menschen zufließt und je geordneter und regelmäßiger der Wechselverkehr mit ihnen sich in der staatlichen Organisation der Lebensverhältnisse zwischen diesen Gleichgesinnten gestaltet. Daher kommt es, daß der staatliche Verband der Individuen jene Momente der Kultur und Sitte in den Individuen nicht nur befestigt, läutert, verstärkt, erhält und fortpflanzen hilft, sondern daß er auch die Entwickelung und Höherbildung derselben in der bekannten Weise begünstigt und fördert. Der staatliche Verband, nicht als Realität für sich, sondern als Lebensmoment bleibender Anerkennung in den Individuen. In den Individuen, deren individueller Lebenskreis sich in dieser bleibenden, gemeinsamen Anerkennung und gegenseitigen Hilfeleistung über alle mit ihnen in demselben Verbande stehenden Menschen erweitert, welcher in dieser Erweiterung das Leben der anderen Menschen gleichsam in das eigene in allen jenen Beziehungen mit hineinzieht, und so das Individuum in den Stand setzt, das Leben der anderen mitzuleben. In den Individuen, deren Machtsphäre sich dadurch unermeßlich steigert, daß im staatlichen Verbande alle in den gegenseitigen Dienst aller treten. Der staatliche Verband ist eine Erweiterung des individuellen Seins, der Vorstellungs-, Gefühls-, Interessen-, Willens- und Machtsphäre aller staatsangehörigen Individuen. Deßhalb befähigt der staatliche Verband die in ihm verbundenen Individuen, jene Kulturmomente aus sich zu erzeugen, sie zu tragen, zu erhalten, fortzupflanzen und weiter zu entwickeln. Der letzte lebendige Quell jener Kulturmomente ist aber nirgends anders zu suchen als in der sittlichen Bestimmung des Menschen, welche die Erzeugung, Erhaltung und Entwickelung jener Kulturmomente als treibende Postulate des sittlichen Willens in sich schließt.

Ich habe auch dies im ersten Abschnitte bereits ausführlich entwickelt und verweise auf das dort Gesagte. Die sittliche Bestimmung des Menschen fordert nicht nur das Bestehen des staatlichen Verbandes als die ihr allein entsprechende Form des Fürsichseins und Füreinanderseins der Menschen, sie fordert auch den steten Kulturfortschritt auf allen Lebensgebieten, der sich wiederum nur in der Form des staatlichen Verbandes der Menschen sachgemäß vollziehen kann. Dadurch daß die Menschen im staatlichen Verbande leben, erzeugen, erhalten und entwickeln sie die allgemeine Kultur und alle ihre besonderen Momente. Staat und Kulturentwickelung sind Wesensmomente der sittlichen Bestimmung des Menschen. Sie sind ethische Postulate, die durch das Gefühl des unbedingten Werthes der menschlichen Bestimmung, der sie dienen, selbst geweiht und geheiligt werden. Sie sind Postulate, deren Erfüllung das Gewissen der Individuen fordert. Der schöpferische Impuls, der sie hervorbringt, erhält und entwickelt, ist der sittliche Impuls des Gewissens, welches die Grundkraft und richtungbestimmende Macht des Individualwillens ist.

Das Verständniß dieses Impulses, das Verständniß des Zweckes, der Erhaltung und Weiterentwickelung von Staat und Kultur, mit einem Worte das Verständniß der sittlichen Bedeutung von Staat und Kultur löscht man durch eine Vorstellungsweise völlig aus, welche den staatlichen Verband als eine sich durch die Individuen hindurchziehende Realität betrachtet, welche die gemeinsamen Interessen, Anschauungen und Gewohnheiten der Individuen in sich suspendirt erhalten, tragen und fortpflanzen soll, an der die Individualwillen als Theilkräfte oder Elemente participiren sollen. Durch diese immer nur bildlich zu verstehende und in sich selbst unklare Auffassung erklärt man gar nichts, sondern verdunkelt nur den Sachverhalt, wie er sich der unmittelbaren Beobachtung darbietet. Der Staat ist mehr und Höheres als eine so dumpfe, passive Realität, als ein rein Thatsächliches. Er ist ein Ethisches. Er ist eine bleibende sittliche Potenz in den Individuen, eine fortwährende sittliche That der Individuen, die sie alle thun, die waren, sind und sein werden, weil das in allen lebendige sittliche Bewußtsein allen die That der Staatsanerkennung als eine unbedingt gute und nothwendige gebietet.

Ziehen wir die Summe dieser Erwägungen, so stellt sich

die zuerst in Betracht gezogene zweite, thatsächliche Prämisse des gegnerischen Evolutionismus, die Annahme der Existenz von Gesammtwillen der nämlichen Realität und Ursprünglichkeit als die Individualwillen, als eine grundverkehrte Annahme heraus, zu welcher die Beobachtungsthatsachen nicht nur nicht den mindesten Anlaß bieten, sondern welche den Beobachtungsthatsachen direct widerstreitet. Sie ist nicht nur eine falsche, sondern eine höchst bedenkliche Prämisse. Sie verdunkelt das Verständniß der wahren Wesensnatur jener bleibenden Verbände der Menschen untereinander, indem sie dieselben als selbständige Realitäten betrachtet, was sie nicht sind. Sie verlöscht den sittlichen Charakter jener Vereinigungen, der ihnen nur insoweit innewohnt, als sie auf einer allgemein, consequent und bleibend ausgeübten sittlichen That der vereinigten Individuen beruhen. Sie trübt endlich das Verständniß des Wesens und der sittlichen Bedeutung jener Kulturmomente, deren Hervorbringung der Endzweck der evolutionistischen Ethik, deren Träger die Gesammtwillen sein sollen. Nicht diese tragen jene Kulturmomente, sondern allein die lebendigen Individuen, welche sie hervorbringen, in sich hegen und fortpflanzen, weil ihre sittliche Bestimmung sie dazu anleitet, der jene dienen. .

Mit jener grundlegenden factischen Voraussetzung der evolutionistischen Ethik fällt das Fundament und damit der ganze Aufbau derselben in sich zusammen. Wenn es keine Gesammtwillen der nämlichen Realität und Ursprünglichkeit giebt wie die Individualwillen, so bleiben diese allein übrig, die objectiven Werthe, deren Hervorbringung alleiniger Zweck des Sittlichen sein soll, verlieren ihre Basis, die auf dieser Basis statuirte sittliche Entwickelung erweist sich als eine Illusion.

Aber wir sind noch nicht fertig mit unserer Kritik. Den Geist dieser Ethik lernen wir nicht aus jener als unhaltbar erkannten factischen Voraussetzung der Existenz der Gesammtwillen, sondern aus den als grundlegend hingestellten ethischen Werthurtheilen kennen, welche die anderen beiden Voraussetzungen in sich schließen. Es liegt uns ob, auch die Güte und Haltbarkeit dieser zu prüfen.

Die erste ist die, daß das individuelle Lebensglück sittlich werthlos sei. Dieselbe berührt sich nahe mit der Geistesrichtung, welche sich in dem modernen Pessimismus eine eigenartige Weltauffassung geschaffen hat. Sie beruht auf einer Geringschätzung aller Glücksgüter des Lebens. Auf der äußersten Geringschätzung, die es giebt, denn der sittliche Werth ist ja der qualitative Maßstab aller Werthe. Die pessimistische Geringschätzung des Lebens beruht auf quantitativer Schätzung. Die Summe alles erlebten Wehes soll für jedes Leben die Gesammtsumme des erlebten Wohls übersteigen, jedes Leben soll, an der Werthscala des Glücks gemessen, eine Unterbilance ergeben. Die evolutionistische Geringschätzung des Individuallebens beruht auf qualitativer Schätzung. Das individuelle Lebensglück ist überhaupt sittlich unterwerthig. Jene beruht auf einer Stimmnng oder Verstimmung des Schätzenden. Sie mag eine übermüthige Spielerei sein, aber sie läßt doch den sittlichen Kern des Menschen, auf dessen Anerkennung die Menschenwürde beruht, unangetastet. Die evolutionistische Geringschätzung beruht auf der Statuirung eines ethischen Princips, welches meiner Ansicht nach den Menschen seiner sittlichen Würdigkeit beraubt, denn diese besteht doch nur darin, daß die Naturanlage des Menschen eine sittliche ist, daß er mithin das Sittliche, weil es die Grundanlage seiner Natur befriedigt, als höchstes Glück schätzen muß, daß sein Glück mithin nicht sittlich werthlos, sondern daß das Sittliche sein höchstes Gut ist. Die Ungeheuerlichkeit dieses Gedankens erschien mir so groß, daß ich anfänglich glaubte, der Verf. habe hier unter individuellem Lebensglück nur das sinnliche Wohlbehagen verstanden, da mir die Behauptung nur allenfalls in dem Rahmen einer solcher Beschränkung Sinn zu haben schien, aber er protestirt ausdrücklich dagegen nnd legt mir sogar als Verdächtigung aus, was mir nur als Entschuldigung seiner Behauptung in der Sinn gekommen ist. So muß ich denn annehmen, daß ihm alles, was des Menschen Herz erfreut und erhebt, wirklich so geringwerthig scheint, daß er es des sittlichen Strebens nicht für werth hält. Mich erfüllt der Gedanke mit Grauen, ich mag ihn nicht ausdenken. Das harmlose reine Glück der Kindheit, in dessen lauterer Atmosphäre die ethischen Potenzen des Lebens zuerst erwachen und sich gestalten, wie es sich lieblich und goldig in unserer Erinnerung spiegelt, die himmelaufjauchzende Begeisterung, welche das gereifte Vollbewußtsein der sittlichen Bestimmung in dem Herzen des Jünglings und der Jungfrau weckt, das Glück der Befriedigung, welches die Lebensarbeit des Mannes gewährt, die Beseligung der Liebe und Andacht, das lichtvoll erwärmende Gefühl der Freundschaft, die Vaterlandsliebe und das Bewußtsein, einer von sittlichem Geiste durchdrungenen Staatsgemeinschaft anzugehören, die erhebenden Genüsse der Kunst und der wissenschaftlichen Arbeit, die Bewunderuug, welche der Anblick des Weltganzen und des Fortschritts der Kulturentwicklung erregt, der erquickende Eindruck landschaftlicher Schönheit, kurz Alles das, was, durch schwere Schatten unausbleiblichen Unglücks und Schmerzes im lichten Glanze seines Eigenwerthes nur gehoben und geläutert, das Leben der dafür empfänglichen Menschen so reich macht, dieses Alles, an dem so viele, trotz der Vergänglichkeit ihres Erdendaseins, ein unendliches Gut zu besitzen glauben, dieses Alles erscheint dem Verf. sittlich werthlos, es scheint ihm des Schweißes der Edlen nicht werth. „Selbst die Vervielfältigung der Einzelsubjecte ändert“, seinem Ausspruche nach, „kaum etwas an dieser Sachlage. Aus lauter Nullen läßt sich keine Größe bilden. Wenn das individuelle Lustgefühl sittlich werthlos ist, so ist es auch das Lustgefühl Vieler oder Aller“ (428). „So lange die Auffassung des endlichen Daseins eine individualistische und pessimistische bleibt, ist die indische Lösung des Welträthsels vielleicht die näher liegende: das ewige Vergessen der Vernichtung ist die sicherste Erlösung vom Schmerze des Daseins" (431). Dieses Alles ist nichts, woran das Herz der Menschen zu hangen pflegt. Die Menschen sollen sich mühen und arbeiten ihr Leben lang, sie sollen hoffen und bangen, jubeln und verzweifeln, dichten und denken, leben und sterben, um in beständig rastlosem Streben „jene objectiven geistigen Werthe zu fördern, welche aus dem gemeinsamen Geistesleben der Menschheit hervorgehen, um dann wieder auf das Einzelleben veredelnd zurückzuwirken, nicht damit sie sich hier in eine objectiv werthlose Summe von Einzelglück verlieren sondern damit aus der schöpferischen Kraft individuellen Geisteslebens neue objective Werthe von noch reicherem Inhalte entstehen" (431). So in's Unendliche fort, in derselben Richtung, in welcher die Entwicklung sich thatsächlich von den Anfängen sittlichen Lebens an vollzogen hat.

Weßhalb?

Weil die Imperative des Gewissens, des evolutionistischen Gewissens: äußerer und innerer Zwang, dauernde Befriedigung und die Vorstellung des sittlichen Lebensideals, sowie die vom Verfasser aufgestellten sittlichen Normen es gebieten. Wir kommen darauf zurück.

Für wen?

Für den Geist der Menschheit, wenn ich den Verf. recht verstehe. Was jener davon hat, sehen wir freilich ebensowenig ein, als wie dieser Geist der Menschheit die nämliche Realität und Ursprünglichkeit haben könne, wie die Individualwillen. Kann dieser Geist der Menschheit etwas davon fühlen oder sonstwie merken? Ein Gesammtbewußtsein wird ihm ja beigelegt. Hat er auch Gefühl? Können sich ihm jene erarbeiteten objectiven Werthe auch zu einem subjectiven Gefühle des Werthes verinnerlichen?

Verdient er es auch nach seiner moralischen Qualification, dieser Geist der Menschheit, daß wir alle für ihn arbeiten, leben und sterben? Ist er mehr als ein Bild, eine Abstraction? Sollen wir unser volles warmes Leben für eine leblose Abstraction dahingeben? Der sittlichen Lebenspraxis liegen solche Ideen gänzlich fern. In der sittlichen Lebenspraxis erscheinen diese Aufstellungen jedermann als gänzlich haltlose Phantasieen. Jedermann sieht ein, daß in Wirklichkeit niemand lebt, arbeitet und sich seines Lebens und seiner Arbeit freut, als die Individuen, daß alle jene angeblichen objectiven Werthe nichts für sich sind, sondern subjective Werthe menschlicher Geistesbildung, welche die sittliche Bestimmung des Menschen als integrirende Momente ihres Wesens aus sich selbst fordert, welche nur die Menschen erstreben und erarbeiten, deren sich nur die Menschen freuen können, die daran Theil haben. Der sittliche Werth jener Kulturmomente besteht nach gemeiner Schätzung nur in dem, was sie für die sittliche Bestimmung des Menschen bedeuten. Das Maß dieser Bedeutung ist das Maß ihres sittlichen Werthes. Ein Höheres giebt es nicht. Das ganze Leben wird geadelt und geweiht durch das Bewußtsein der sittlichen Bestimmung, die sich in ihm verwirklichen soll, deren Verwirklichung als höchstes Glück erlebt wird. Nach der im practischen Leben allgemeingültigen Auffassung erscheint es als eine Frivolität und ein Aberwitz, den sittlichen Werth dieses höchsten Lebensglückes eines Menschen zu bestreiten, dessen Leben sich im Geiste seiner sittlichen Bestimmung gestaltet. Der Endzweck des Sittlichen vollzieht sich ja gerade darin, daß es als höchstes, als unbedingtes Glück empfunden wird. Von Allen, in jedem Augenblick. Nach gemeiner Lebenspraxis ist der Mensch der sittlichste, den das Bewußtsein seiner sittlichen Bestimmung am meisten beglückt und folgeweise am wirksamsten zum sittlichen Handeln antreibt. Von diesem Standpunkte aus erscheint nicht das individuelle Lebensglück sittlich unterwerthig, sondern umgekehrt; die Behauptung, daß das individuelle Lebensglück sittlich werthlos sei, erscheint als die denkbar schlimmste theoretische Verirrung.

Aber damit ist natürlich nicht bewiesen, daß die Behauptung falsch ist. Die sittliche Lebenspraxis kann sich ja auf einem Irrwege befinden. Wenn auch die ungeheuere Mehrzahl der Menschen consequent auf diesem Irrwege wandelt, „der Werth des Sittlichen kann nicht darunter Noth leiden, daß die Gründe seiner Verwirklichung im einzelnen Falle nicht der Höhe der sittlichen Ideen selber entsprechen." Der findige Theoretiker muß das aus dem Geleise gegangene allgemeine sittliche Werthurtheil wieder einrenken. Prüfen wir, in weit ihm dies gelingt.

Worin bestehen denn die sittlichen Ideen, durch welche der Verf. die Ethik des practischen Lebens zu überhöhen gedenkt? Was hat es mit jenen objetiven Werthen auf sich, deren Hervorbringung dem Verf. so viel erstrebenswerther erscheint, als das nur subjetiv erlebbare Gute der gewöhnlichen Menschen-Ethik? Was denkt sich der Verf. darunter? Was sind sie?

Der Werthbegriff ist eine Abstraction, die wir aus unserer unmittelbaren Selbstbeobachtung schöpfen und ohne diese gar nicht verstehen würden. Was unserer Wesensnatur entspricht, empfinden wir als Wohl, was ihr widerstreitet, als Wehe. Wir empfinden es als um so höheres Glück, je mehr es ihr entspricht, und umgekehrt. Dieses Erlebniß ist der inhaltliche Kern des Werthbegriffs, der unendlicher quantitativer Abstufungen und qualitativer Verschiedenheiten fähig ist. Verschiedenheiten, die auch die Physiognomie des davon abstrahirten Werthbegriffs auf die mannigfachste Art verändern. Aber alle diese vielgestaltigen Arten des Werthbegriffs sind immer nur aus jenem ursprünglich ihnen zn Grunde liegendem Erlebnisse erklärlich. Werth ist im ursprünglichen Sinne immer Gefühlswerth. Gefühlswerth, den irgend ein lebendiges Wesen als solchen in sich erlebt. In diesem ursprünglichem Sinne giebt es daher nur *subjective* Werthe. Werthe, die, wenn sie *ihrer selbst wegen* erstrebt werden, nicht nur stets *Selbstzweck*, sondern stets *Zweck und Motiv zugleich sind*. Aber in den mannigfachen Complicationen menschlicher Verhältnisse treten Zweck und Motiv vielfach auseinander. Die höchsten Zwecke, welche der Mensch erstrebt, sind nicht immer direct, sondern oft nur auf langen Umwegen zu erreichen. Er bedarf vielfältiger Mittel zn ihrer Verwirklichung, die wiederum in seiner Werthschätzung eine zwiefache Bedeutung haben können. Sie können *an sich* ganz werthlos sein nnd werden von dem Wollenden nur *deßhalb* geschätzt, weil er sie als Mittel zur Verwirklichung seiner Endzwecke gebraucht. Der selbstleuchtende Werth des Endzwecks bestrahlt auch die zu seiner Verwirklichung dienlichen Mittel und verleiht ihnen ein reflectirtes Licht, das wir abgeleiteten oder *Mittelwerth* nennen können, das an sich gar kein Werth ist, dessen Mittelwerthgröße sich deßhalb nur nach der Größe des erstrebten Endzwecks und nach dem Maße bemißt, in welchem es diesen fördert. Solcher *reiner* Mittelwerthe giebt es nur wenige, weil die meisten Mittel z. B. die für späteren Gebrauch erworbenen Fähigkeiten und Kenntnisse, das Essen und Trinken zur Erhaltung des Lebens u. s. w., daneben zugleich selbstständigen Gefühlswerth besitzen. Eine sehr weise Einrichtung in der teleologischen Weltökonomie, welche die Erreichung aller Zwecke fördert und jedem Schritte der Zweckförderung neue Kräfte und Hilfstruppen zuführt, zugleich die Arbeit selbst zum erstrebenswerthen Gute macht.

Betrachten wir zuerst die reinen Mittelwerthe. Zu ihnen gehören z. B. gewisse Mühen und Entbehrungen, die an sich gar keine Bedeutung haben, sondern die man sich nur auferlegt, weil sie zu einem gewollten Zwecke nöthig sind. Wer den Zweck will, will auch die Mittel. Die Motivationskraft zum Wollen des Mittels ist aber immer der Gefühlswerth des Endzwecks.

Zweck und Motiv fallen bei dem Wollen des Endzwecks immer zusammen, bei dem Wollen des an sich werthlosen Mittels fallen sie auseinander. Wir wollen das Mittel nur des Endzwecks wegen. Der Gefühlswerth des Endzwecks ist die treibende Kraft zum Wollen des dazu dienlichen Mittels, das hier nächster Zweck ist.

Anders bei den Mitteln, die zugleich einen originalen Gefühlswerth haben, die deßhalb nicht blos als Mittel gewollt werden, sondern zugleich auch ihrer selbst wegen. So z. B. die Abfassung einer Streitschrift, die dem streitbaren und gefechtsgewandten Autor an sich ein Vergnügen ist, welcher mittelst derselben eine Idee durchzufechten bezweckt, deren Durchfechtung ihm Endzweck ist, weil sie ihn begeistert. Hier haben wir als Endzweck Nr. I die Verfechtung der Idee, die den Autor begeistert. In Betreff desselben fällt Zweck und Motiv zusammen. Die Idee treibt ihn kraft der ihr innewohnenden Begeisterung zu ihrer Verfechtung. Dazu ist das Mittel der Streitschrift nöthig. Sehen wir von den concurrierenden Motiven der Streitlust und Gefechtsgewandtheit ab, so wird das Mittel des Endzweck Nr. I wegen gewollt. Die Begeisterung treibt zum Wollen des Mittels als nächsten Zweckes. Zweck und Motiv fallen insoweit auseinander. Aber der Streitlustige will auch seine Streitlust befriedigen, indem er die Streitschrift abfaßt. Er faßt sie zugleich ab, weil die Abfassung ihm Vergnügen macht, also Endzweck Nr. II. Zwei Motive treiben ihn zur Abfassung der Schrift: 1. Die Begeisterung für die Verfechtung der Idee, der die Abfassung der Schrift nur als Mittel dient — Zweck der Abfassung und Motiv fallen auseinander —. 2. Die Freude an der Abfassung — Zweck der Abfassung und Motiv fallen zusammen —. So ist es vielfach im Leben. So ist z. B. bekannt, eine wie große Rolle der Egoismus und andere Motive von ethisch zweifelhaftem Werthe bei der Verwirklichung der höchsten sittlichen Endzwecke spielen. Diese

Verhältnisse sind so bekannt, daß es fast trivial scheint, daran zu erinnern, aber wir können dies nicht umgehen, um den Begriff des objectiven Werthes zu erläutern.

Aus diesen einfachen Erwägungen ist mit voller Evidenz ersichtlich, daß Endzweck immer nur Werthe in der ursprünglichen Wortbedeutung, d. h. solche Werthe sein können, deren Werth der Wollende unmittelbar in sich erlebt, Gefühlswerthe, die ihren Eigenwerth in sich selbst tragen. Nur subjective Werthe können Endzweck des Wollens sein. Zustände des Wollenden selbst, seiner Angehörigen, anderer Menschen, aller Menschen, anderer Wesen, deren Beglückung dem Wollenden irgendwie am Herzen liegt, Herstellung von Thatbeständen, woran der Wollende seine Freude hat. Subjectiv sind diese Werthe immer, denn sie sind nur als Gefühlswerthe zu denken. Reden wir dagegen von objectiven Werthen, so können wir darunter nur abgeleitete oder Mittelwerthe denken, welche ihren Werth nur darin haben, daß sie irgend welchen Endzwecken dienen, die irgend welche Subjecte irgendwie befriedigen oder beglücken.

Wie verhält sich's nun mit den objectiven Werthen des Verfassers, in deren unbegrenzter Entwickelung das ethische Ideal des Evolutionismus bestehen soll? Wie verhält sich's mit den bereits erreichten in Staat, Kunst und Wissenschaft u. s. w., denn andere kennen wir ja vorläufig noch nicht? Nach der Auffassung, die in der Praxis des Lebens die allgemeingültige ist, und der ich in diesem Punkte völlig beitrete, haben Staat, Kunst, Wissenschaft und allgemeine Kultur sowohl einen subjectiven als einen objectiven Werth. Einen subjectiven, insofern sie die Menschen beglücken und erheben, insofern sie unmittelbar eine Erweiterung und Erhöhung des Lebens im Sinne der sittlichen Bestimmung des Menschen sind. Einen objectiven, insofern sie als Mittel zur Weiterentwickelung im Sinne der sittlichen Bestimmung nach anderen Richtungen hin dienen. In ersterer Hinsicht sind sie Endzweck Nr. I, in letzterer Mittel zum Zweck, aber doch zugleich ihrer selbst wegen erstrebenswerth, also Endzweck Nr. II. Sie dienen alle der sittlichen Bestimmung des Menschen, deren unbedingten Werth wir im Gewissen als höchstes Gut erleben, und deren Erreichung über allen besonderen sittlichen Zwecken steht, mithin als höchster Gefühlswerth immer Endzweck Nr. I ist.

Was bedeutet dagegen dem Verfasser die Position des objectiven Werthes?

Die objectiven Werthe sollen Endzweck sein. Sie sollen ihren Eigenwerth in sich selbst tragen, sie sollen ihrer selbst wegen erstrebt werden, Selbstzwecke sein, obwohl es niemand giebt, der sie als Gefühlswerthe in sich erleben könnte, denn die Gesammtwillen existiren nicht, wie wir gesehen haben. Verstehen wir uns auch recht? Ich habe dies in meinem ersten Aufsatze in Betreff des Staats unbefangen ausgesprochen, aber der Ausspruch frappirt den Verfasser selbst. Er nennt dies in seiner Streitschrift S. 22 selbst „einen unsinnigen Satz", den er weit von sich wegwirft. Was soll nun gelten? Meint der Verfasser, wie es mir in der Consequenz seines evolutionistischen Princips zu liegen schien, daß Staat, Kunst, Wissenschaft, allgemeine Kultur ihrer selbst willen, oder meint er, daß sie der Menschen willen da seien? Sollen Sie das Erstere sein, so hat der Verfasser sich selbst das Urtheil gesprochen, indem er den Satz „der Staat ist seiner selbst, nicht der Menschen willen da" einen unsinnigen Satz nennt. Ich stimme ihm von Herzen bei. Oder mißverstehen wir uns wieder? Leider muß ich es vermuthen. Der Verfasser würde ja sonst seinen evolutionistischen Grundgedanken preisgeben, wir würden ja ganz d'accord sein. Ich wage es nicht zu hoffen.

Bleiben wir bei der Auffassung stehen, wie sie sich in dem Buche findet, so enthält dieselbe nach Maßgabe unserer obigen

Erörterungen über den Werthbegriff im Allgemeinen einen inneren Widerspruch, der mir ganz unlösbar erscheint. Objective Werthe im eigentlichen Sinne giebt es überhaupt nicht. Sie sind ein Unbegriff, unter dem man sich nichts Verständliches denken kann. Sinn hat der Ausdruck „objectiver Werth" nur dann, wenn man darunter den „reinen Mittelwerth" oder den abgeleiteten Werthbegriff versteht. Die Kulturmomente, welche der Verfasser unter den zu erstrebenden objectiven Werthen begreift, können nicht für sich, als Selbstzwecke gedacht werden, sondern immer nur als unmittelbare Bereicherung der Individuen, oder als Mittel für deren Zwecke. Die Auffassung, daß jene Kulturmomente als objective Werthe in unendlich aufsteigender Entwickelung Endzweck des Sittlichen seien, ist eine in sich selbst widersinnige. Sie widerspricht sowohl dem Wesen des Werthbegriffs, wie dem Wesen des Sittlichen.

Dem Wesen des Werthbegriffs, wie wir soeben gesehen.

Dem Wesen des Sittlichen, weil Endzweck des Sittlichen nur das ist, was der Mensch soll, nicht etwas, was außer dem Menschen sich so oder so ereignen soll.

Sehen wir aber auch davon ab. Lassen wir den Gedanken der objectiven Werthe und des evolutionistischen Ideals in aller Unklarheit als Endziel des Sittlichen gelten. Wie verhält sich's denn mit jenen anderen beiden Voraussetzungen, welche die Möglichkeit des evolutionistischen Ideals betreffen?

1. Werden die Triebkräfte zur Verwirklichung des ethischen Ideals schließlich die Oberhand behalten müssen?

2. Wird die Menschheit ewig fortbestehen?

Sollte die eine oder die andere deficiren, so wäre es nichts mit dem ethischen Ideal. „Verschwände dieses aber, so würde jeder einzelne ethische Zweck zu einer vorübergehenden Täuschung, die Weltgeschichte zu einer zusammenhanglosen Komödie, die dem Vergessen anheimfällt, sobald der Vorhang gefallen ist" (484).

Ich halte beide für sehr bedenklich.

Die erste freilich nur, wenn ich mich auf den evolutionistischen Standpunkt stelle. Als Gewissensethiker bin ich überzeugt, daß das Sittliche, welches der Mensch seiner Natur nach in sich trägt, schließlich stets die Oberhand behalten wird — so sicher wie die Wahrheit. Aber der evolutionistische Ethiker trägt den sittlichen Endzweck nicht in sich. Dieser liegt außerhalb des Menschen. Der Mensch wird zum Wollen desselben durch andere davon verschiedene Motive angetrieben. Bedenken wir, daß der evolutionistische Mensch zugleich ein solcher ist, dessen Lebensglück sittlich werthlos sein, der also nur durch sittlich werthlose Dinge zum Handeln angetrieben werden soll, — denn nur, was ihn beglückt, treibt ihn — so weiß ich nicht, wie es kommen soll, daß die idealen Triebe doch schließlich prävaliren sollen.

Was Nr. 2 betrifft, so habe ich meine Bedenken selbst als Gewissensethiker. Ich halte die Helmholtz'sche Verdichtungstheorie für eine sehr glaubwürdige. Ich bin geneigt, anzunehmen, daß die jetzige Wärmestrahlungsfähigkeit der Sonne in 17 Millionen Jahren aufhören, daß dann die Erde erkalten, und mit ihr das evolutionistische Ideal im ewigen Eise erstarren wird. Wäre ich Anhänger der evolutionistischen Ethik, so wäre es also schlimm um mich bestellt. Mit der Zuversicht auf den letzten, würde gleich der nächste Zweck des sittlichen Strebens verschwinden, und die Wirklichkeit der sittlichen Welt würde sich mir schon jetzt in die größte der Illusionen auflösen (484).

III. Welche allgemeingültige Antwort giebt der Individualismus, welche der Evolutionismus, auf die Frage: was sollen wir thun?

Man nehme eine Ethik, welche man wolle, giebt sie überhaupt eine allgemeingültige Antwort auf die vorangestellte Frage, so kann nur ihr Princip sie geben. Das Princip selbst muß die Antwort geben, sonst ist sie keine allgemeingültige, sonst ist das Princip, und die ganze Ethik, welche sich darauf gründet, practisch unbrauchbar. Ein System von Normen genügt dazu nicht, und wäre es noch so vollständig, und noch so handlich. Ein solches System, als Antwort auf die obige Frage inscenirt, würde zu einem ethischen Mechanismus führen, nicht zu einem sittlichen Leben. Sittliches Leben ist freischöpferische That. Stets, in jedem Augenblick. Die Entscheidung der Frage: was sollen wir thun? soll in jedem Falle selbst sittliche That, freie, verantwortliche That des sich Entscheidenden selbst sein. Der sich Entscheidende kann sie nur thun, wenn er das ethische Princip selbst in sich trägt, aus dem sie erfolgen soll, wenn er von dem Geiste desselben erfüllt ist. Die Entscheidung kann nur eine allgemeingültige sein, wenn alle von dem Geiste des ethischen Princips erfüllt sind. Sie kann nur eine sittliche Entscheidung sein, wenn das ganze Wesen dessen, was der Mensch soll, in ihr das entscheidende Moment ist.

Es giebt nur ein ethisches Princip, weches allen diesen Anforderungen in Betreff der Beantwortung der vorangestellten Frage genügt: Das Gewissen. Das Gewissen trägt jeder in sich. Jedem offenbart es das ganze Wesen dessen, was er soll. Jedem, der es ernstlich befragt, giebt es die Entscheidung in allgemeingültiger Weise aus dem Bewußtsein des ganzen Wesens dessen was er soll, in jedem Augenblick, in jeder Lebenslage. Jeden erfüllt es mit dem Bewußtsein der Verantwortlichkeit seiner Willensentscheidung, läßt also dieser selbst freien Spielraum.

Das Gewissen, das Princip der Gewissensethik, giebt stets eine allgemeingültige Antwort auf die Frage: was sollen wir thun?

Jedem? Ja, jedem sittlichen Menschen; jedem, dem das Gewissen ist, was es sein soll, höchstes Gut, Grundkraft und und Grundmotiv seines Lebens. Diese Beschränkung liegt in der Natur der Sache. Das Gewissen lebt zwar in allen, aber es ist nicht in allen das, was es sein soll. Es ist oft verwildert oder übertäubt durch Lüste aller Art und das Werkeltagsgeräusch des Tages. Von dem Blinden oder Schwachsichtigen wird man keine Auskunft darüber verlangen, wie ein Gegenstand aussieht, sondern man wendet sich an den Gesunden, Klarsehenden. Ich erinnere an die Ausführungen des ersten Abschnitts. Das Gewissen wird als Anlage angeboren. Es entwickelt und verfeinert sich in und mit der Ausbildung jedes Einzelnen, in und mit der Entwickelung der gesammten Kultur in der Aufeinanderfolge der Generationen. Wie die Wahrheitsforschung zu einem stets wachsenden Bestande sicherer Erkenntnisse führte, so führte das sittliche Leben bei den verschiedenen Nationen im Verlaufe der geschichtlichen Entwickelung zu einem Kreise allgemeingültiger sittlicher Wahrheiten, in dem sich der sittliche Reingehalt einer jeden Bildungsperiode concentrirt, der nicht abgeschlossen ist, sondern sich immer erweitert und bereichert. Alle nehmen diesen in sich auf, wie es ihre Bildung, ihre Charakteranlage und die Umstände gestatten, alle handeln danach, insoweit bei ihnen nicht andere unsittliche Motive überwiegen. Die gereifteren Zustände der Gegenwart haben jenen Kreis allgemeingültiger Wahrheiten in einer Weise befestigt, daß über den Inhalt des Sittlichen in der ganzen civilisirten Welt eine sehr ausgedehnte Uebereinstimmung herrscht. Es gilt allgemein als Pflicht eines jeden, ihn zu kennen und darnach zu handeln, er mag hoch oder niedrig stehen, niemand ist ausgenommen. Es gehört dies zur sittlichen Vollbürtigkeit des Menschen und wird überall so angesehen. Alle staatliche und gesellschaftliche Ordnung, aller Verkehr der Einzelnen und der Völker unter einander, alle Gesetzgebungen beruhen auf der Grundlage dieser gemeinsamen Anerkennung. Es ist so, weil jene Wahrheiten der übereinstimmende Ausdruck dessen sind, was das Gewissen allen sagt und in jedem Augenblicke bestätigt. Deßhalb sind die Antworten, welche sich aus jenen allgemein anerkannten Wahrheiten der Gewissensethik anf die Frage: was sollen wir thun? in jedem besonderen Falle ergeben, stets allgemeingültige Antworten. Sie sind es auch da, wo es sich nach der besonderen Complication der Umstände um neue Fälle handelt, welche sich in den Kreis jener Wahrheiten nicht einrubriciren lassen, sondern eine freischöpferische That der Entscheidung unmittelbar aus dem Gewissen heraus erfordern, da das Gewissen die höchste Instanz der Entscheidung ist, welche jeder in sich trägt.

Wenn ich hier vom Gewissen rede, so verstehe ich darunter selbstverständlich das von dem ethischen Kapitale der Gegenwart erfüllte Gewissen, welches den Kreis der allgemein anerkannten sittlichen Wahrheiten in sich aufgenommen und darin bereits ein ausgeprägtes Bewußtsein dessen gefunden hat, was der

Mensch soll. Wir fangen eben nicht von vorn an, sondern stehen überall auf den Schultern unserer Vorfahren; eine Position, die wir nicht aufgeben dürfen, wenn wir uns in der Würdigung des Sittlichen nicht außerhalb des geschichtlichen Werdeprocesses des Sittlichen stellen, oder uns gar mit unseren schwachen Kräften dem Gesammtstrome der allgemeinen Bildungsentwickelung entgegenstemmen wollen. Vielleicht wird man mir auch hier wieder den landläufigen und durch öftere Wiederholung allmählich trivial gewordenen Einwand entgegenhalten, der ausgesprochene Satz gestehe ja zu, daß dann die allgemein anerkannten sittlichen Wahrheiten doch im Grunde nichts weiter seien als das resultirende Endergebniß der bisherigen sittlichen Entwickelung, daß ihre Wahrheit eine relative und keine unbedingte sei. Der Einwand enthält nichts als das größte sittliche Armuthszeugniß aller derer, welche ihn erheben. Wie wir niemals zur Erkenntniß einer Wahrheit kommen würden, wenn uns nicht die Wahrheit der wissenschaftlichen Axiome und der logischen Gesetze des Denkens unmittelbar evident wäre, so würden wir nie zu einer Sittlichkeit kommen, wenn wir nicht im Gewissen ein Kriterium des Guten in uns trügen, dessen Unbedingtheit uns unmittelbar selbstevident wäre, welches mithin die Bildung eines Kreises allgemeingültiger sittlicher Wahrheiten ermöglichte. Von dem wahren Wesenscharakter dieser sittlichen Wahrheiten und von dem Wesen der Sittlichkeit überhaupt hat derjenige gar keine Ahnung und gar kein Verständniß, der jene Wahrheiten für nichts Besseres achtet als durch stete Uebung verfestigte Gewohnheiten des sittlichen Handelns von blos relativer Geltung, die sich ähnlich bilden sollen, wie etwa der fallende Tropfen den Stein aushöhlt.

Ich sehe von diesen Trivialitäten ab, da ich dieselben im ersten Abschnitte bereits hinlänglich beleuchtet habe, und ziehe es vor, zum Schluß noch einmal die Punkte kurz zusammenzustellen, welche die

Allgemeingültigkeit der Antwort der Gewissensethik auf die vorangestellte Frage in einer allen einleuchtenden Weise charakterisiren:

1. Jeder trägt das Gewissen in sich, das die Antwort giebt.

2. Das Gewissen bleibt die Antwort in keinem Falle schuldig.

3. Die Antwort erfolgt stets aus dem vollen Bewußtsein des ganzen Princips heraus und bringt in jedem Falle der sittlichen Selbstentscheidung das ganze Princip zur vollen Geltung.

4. Die Antwort beruht stets auf einer freien verantwortlichen Entscheidung des Wollenden. Sie ist stets freischöpferische sittliche That.

5 Sie ist stets allgemeingültig, weil das Gewissen aus dem sie erfolgt, die höchste Instanz sittlicher Werthschätzung ist.

Die Einfachheit des sittlichen Princips der Gewissensethik, welches die Antwort giebt, ist kein Grund, jene für weniger tiefsinnig zu halten, als andere Arten der Ethik, welche durch Aufstellung andersartiger Principien das sittlich Gute des practischen Lebens zu überhöhen gedenken. Unergründlich tief, nnerschöpflich und einer unendlichen Entwickelung fähig ist der Thatbestand des Gewissens, so einfach er ist, so verbreitet er ist, so sicher und glücklich er sich den verschiedenartigsten Standpunkten und den verschiedenartigsten Lebenslagen anpaßt, ohne je sein Ansehen und seine Würde preis zu geben, so selbstgewiß er in allen lebt, selbst in den langweiligsten und trivialsten Menschen. Die Trivialität kommt nicht auf das Conto des Gewissens, sondern besteht darin, daß jene das Gut nicht seinem wahren Werthe nach schätzen, daß sie den sich zudrängenden Oberflächlichkeiten und Flitterinteressen nachgeben, anstatt das Wesen des Gewissens in seiner Tiefe und Herrlichkeit zu erfassen und zum Grundinteresse ihres Lebens zu machen, anstatt des Unendlichen inne zu werden. Unergründlich tief, erhaben und heilig ist dieses Wunder des unbedingt Guten, das sich dem Menschen im Gewissen erschließt, wenn er sich voll und ganz auf sich selbst besinnt. In aller seiner Herrlichkeit kann jeder es erfassen und erleben, der noch ein gesundes Herz und gesunde Kraft in sich trägt, der noch nicht flügellahm geworden ist in dem vergeblichen Haschen nach den Thorheiten dieser Welt. Diese geistige Frische und Gesundheit, die Begeisterung für den unendlichen Werth des Lebens in allen Herzen zu erwecken, das ist die Hauptaufgabe der Gewissensethik, indem sie die grundlegende Bedeutung des Gewissens für alle Lebensgestaltung im privaten und im öffentlichen Leben, indem sie das Wesen, den Inhalt der Gewissensthatsache darzustellen, zu begründen und mit der gesammten Weltansicht des Menschen in Einklang zu bringen sucht. Es ist nicht die einzige. Die zweite nicht minder wichtige besteht darin, daß sie zusammenfaßt, gliedert und systematisirt, was das ethische Kapital der Gegenwart bildet und es als Endglied einer Entwickelungsreihe zu begreifen sucht, in deren Stufenfolge sich die ethischen Kapitale der Vergangenheit hier und dort zu besonderen charakteristischen Bildungen gestaltet haben, deren besonderer Gehalt das Verständniß der gegenwärtigen sittlichen Lebensanschauung erhöht.

Die Hauptsache aber ist und bleibt, daß die Erkenntniß der Allgemeingültigkeit der Antwort, welche die Gewissensethik auf die vorangestellte Frage giebt, nicht blos auf theoretischen Erwägungen beruht, sondern daß sie sich in der Praxis des Lebens der Gegenwart und aller vorangegangenen Zeiten im umfassendsten Maße und auf die glänzendste, jedem völlig einleuchtende Weise überall thatsächlich als richtig bewährt hat. Die Gewissensethik formulirt nur theoretisch, was in der Praxis des Lebens allgemein und unangefochten als sittlich gilt. Deßhalb trifft sie in ihren Voraussetzungen, in ihrer Begründung, in ihrem Aufbau und in der Beantwortung der vorangestellten Frage überall mit den Voraussetzungen und Ergebnissen des sittlichen Lebens zusammen. Deßhalb besteht sie die Probe der practischen Brauchbarkeit so vollständig, wie nur eine Ethik sie bestehen kann.

In der Gewissensethik kommt ganz und voll zum Ausdruck und zur Geltung, was das sittliche Bewußtsein des Menschen und der Menschheit erfüllt. Die Antwort, welche sie auf die vorangestellte Frage giebt, umfaßt alle Verhältnisse des Lebens ohne Ausnahme. Sie umfaßt das Leben des Individuums in seinem Fürsichsein und alle Gestaltungen der Beziehungen der Menschen in ihrem Füreinandersein, im privaten und im öffentlichen Leben. Insbesondere gelingt es ihr allein, die sittliche Basis des Staats, der Gesellschaft und der ganzen Menschheit, und die sittliche Bedeutung der gemeinsamen Aufgaben der Menschen und der gesammten Kulturentwickelung zu begründen und in das rechte Licht zu setzen.

Welche allgemeingültige Antwort giebt nun der Evolutionismus auf die Frage: was sollen wir thun?

Welche Antwort giebt zunächst das Princip desselben auf diese Frage?

Das Princip des Evolutionismus bleibt uns die Antwort ganz schuldig. Der Herr Gegner fühlt dies selbst, denn er bestreitet mir ausdrücklich, den Satz, worin mir das Princip dieser Ethik enthalten zu sein scheint, nämlich die mehrfach erwähnte Definition des evolutionistischen Ideals (S. 434) als Antwort auf jene Frage hinzustellen. Er will das also nicht. Er beruft sich vielmehr auf die von ihm aufgestellten sechs Normen, welche die vorangestellte Frage unzweideutig enthalten sollen. Ich komme auf letztere zurück. Zunächst wahre ich mein gutes Recht, indem ich das evolutionistische Ideal auf seine practische Brauchbarkeit prüfen werde. Ein ethisches Princip, welches die vorangestellte Frage nicht aus sich selbst beantwortet, ist practisch unbrauchbar und folgeweise nichts werth. Dies ist der zweifellose Satz, auf den ich mein Recht gründe.

Das Princip des Evolutionismus ist in dem ethischen Endzwecke enthalten, der auf die Hervorbringung der mehrfach erwähnten objectiven Werthe und auf die Verwirklichung des in der unendlichen Weiterentwickelung derselben gesuchten evolutionistischen Ideals gerichtet sein soll. Dieser Endzweck ist kein Glücksgut, er hat an sich keine Motivationskraft für den menschlichen Willen, der nur durch glückverheißende Vorstellungen angeregt werden kann. Die Vorstellung jenes Ideals muß erst in motivationskräftige Gefühle oder Triebe umgesetzt werden, um zur Verwirklichung des Ideals im Individualwillen wirken zu können. Zweck und Motive treten auseinander. Das ist die Klippe, an der die practische Brauchbarkeit dieser Ethik nothwendig scheitern muß. Sittliche Zwecke und sittliche Motive fallen auseinander und werden an verschiedene Wesen vertheilt. Träger jener sind die Gesammtwillen, während die sittlichen Motive den Individualwillen zur Verwirklichung der sittlichen Zwecke antreiben sollen. Die Zwecke haben selbst keine Triebkraft, sie müssen in Lustmotive umgewandelt werden, wenn sie durch die Menschen erreicht werden sollen. Selbstverständlich kann solche Umwandlung nicht geschehen, ohne den Zwecken durch deren Umwandlung in Lustmotive den ethischen Charakter zu rauben, denn Lustmotive sind, wie alles individuelle Lebensglück, sittlich werthlos. Man beachte wohl, welche ungeheuerliche Consequenzen diese Verdrehung des natürlich gegebenen Sachverhalts zur Folge haben: Nicht das **Ethische** (der Zweck), sondern das **Unethische** (das Lustmotiv, in das der Zweck umgesetzt werden muß, um wirksam werden zu können) bilden nach evolutionistischer Auffassung der sittlichen Verhältnisse das spontane schöpferische Moment des sittlichen Willens. Wohlgemerkt: dies sind nicht Worte des Verfassers, aber es ist der Sinn seiner

Worte, und, wenn es ihm gefallen sollte, diesen Sinn zu desavouiren, so legt er selbst die Axt an die Wurzel seiner Ethik. Mir erscheint diese Auseinanderreißung von Zweck und Motiv so unethisch, daß sie auf keine Weise mit unserer gewöhnlichen Vorstellung von Sittlichkeit in Einklang zu bringen ist. Wir halten doch dafür, daß gerade der specifische Wesenscharakter der sittlichen Handlungen darin besteht, daß der gute Zweck, d. h. das Gefühl des Werthes, den die Vorstellung des sittlichen Zweckes uns erregt, das ausschlaggebende Motiv in der Entscheidung des sittlichen Willens und die treibende Kraft in der Ausführung der sittlichen That sein müsse. Wir nennen nur den Willen sittlich, der das Gute, um des Guten willen thut, d. h. weil es ihm höchste Befriedigung (sc. Lust) macht, das Gute zu thun, weil ihm das Gute höchstes Glücksgut ist. So faßte man die Sache bisher ganz allgemein auf. Immer legte man den Accent der sittlichen Beurtheilung einer Handlung auf die Gesinnung, d. h. darauf, ob der sittliche Zweck auch wirklich sittliches Motiv für den Handelnden gewesen sei. In der Werthschätzung des Guten als eines höchsten Glücksguts suchte und fand man bisher das Wesen der sittlichen Gesinnung. Wenn jemand der sittliche Zweck (das Gute) innerlich gleichgültig ist, wenn er erst durch Belohnungen oder andere Motive dazu getrieben werden muß, ihn zu erfüllen, so nennen wir sein Handeln nicht sittlich, sondern vielleicht höchstens legal oder erfolgreich. Der Verfasser selbst erkennt das Unethische dieser Consequenz dadurch an, daß er die Lustmotive, in welche die sittlichen Zwecke umgesetzt werden sollen, um auf den Individualwillen zu wirken, mit warmblütigen Reminiscenzen aus der Rüstkammer der Gewissensethik aufzufärben sucht. Er nennt sie Idealgefühle, er redet davon, daß die Menschen beglückt sein sollen durch allgemeine Zwecke u. s. w. und ich bin überzeugt, daß er einen sehr erhabenen Sinn mit diesen Gefühlen verbindet. Diese Auffassung hat meine volle Sympathie, aber sie hat meiner Ansicht nach in dem Rahmen der evolutionistischen Ethik keinen Platz. Wenn einmal der letzte Endzweck des sittlichen Strebens auf die Herstellung objectiver Werthe gerichtet und consequenterweise das individuelle Lebensglück sittlich werthlos sein soll, so sind das Halbheiten. Eins oder das Andere. Will man Ernst machen mit dem Evolutionismus, soll die Entwickelung der objectiven Werthe der Endzweck, das Glück welches dieselben für die Menschen abwerfen, nur Nebenerfolg, der Individualwille eine Null sein, dann hat derjenige Idealismus, der aus dem Bewußtsein des unbedingten Werthes der menschlichen Bestimmung erblüht, der motivationskräftige Idealismus des Herzens, seine Rolle ausgespielt. Er mag ein brauchbarer Agent sein für die Verwirklichung des evolutionistischen Ideals, aber er ist kein williger. Er haucht seine Seele aus, aber er giebt sich zu dieser Rolle nicht her. Die Idealgefühle, auf welche der Verfasser sich hier berufen kann, stammen aus seiner eigenen Fabrik. Im Leben giebt es dergleichen motivationskräftige Aufwallungen nicht. Alle warmherzigen Menschen, welche edler Regungen fähig sind, begeistern sich für den Kulturfortschritt nur wegen des Segens, den er den Menscheu stiftet. Denken wir doch den Grundgedanken des Evolutionismus nur einmal consequent bis zu Ende. Soll jener Segen Nebenerfolg sein, „blos bestimmt, aus der schöpferischen Kraft individuellen Geisteslebens neue objective Werthe von noch reicherem Inhalte zu erzeugen" (431) so versuchen wir doch einmal probeweise, worin denn nun der Haupterfolg besteht, der eigentliche objective Werth, dessen Vorstellung die Idealgefühle erwecken soll, indem wir jene Nebenerfolge in Gedanken davon abziehen. Was bleibt nach dieser Operation als Rest, ich wollte sagen als Haupterfolg, noch übrig? Ich kann trotz eifrigen Suchens keine Spur eines solchen Haupterfolges entdecken. Was sollte es sein? Soll es vielleicht eine Art Glückszustand der Gesammtwillen sein, die sich an dem Kulturfortschritte erbauen? Ich bestreite deren Vorhandensein. Sollen es objective Thatbestände sein, diese objectiven Werthe, welche irgendwo zwischen Himmel und Erde oder sonstwo in der Welt sich zu einer imaginairen Entwickelungspyramide aufthürmen? Ich kann mir nichts dabei denken. Niemand kann mir verargen, wenn ich behaupte, daß die Vorstellung solcher imaginairen Haupterfolge in keines Menschen Herzen irgend welche Idealgefühle erregen könne. Ich halte die Vorstellung des evolutionistischen Ideals für eine höchst kaltherzige Vorstellung, ich glaube, daß sie aus keines Menschen Herzen irgend welche motivationskräftige Begeisterungsfunken herauslocken wird — die Gelehrten des Evolutionismus allein ausgenommen. Die Richtungslinie der Entwickelung ist dabei ganz irrelevant. Mag sie nach dem bisherigen Entwickelungsgange in einem aufsteigenden Winkel von 30° oder 45° zu dem ethischen Bauhorizonte belegen sein. Sie wird eine abstracte Linie und verliert alle Sympathie und alle Gefühlsfärbung, wenn man blos die objectiven Werthe ins Auge faßt, in deren Entwickelung sie procediren soll, und die glückerzeugenden Nebenerfolge abzieht. Nur die Vorstellung der letzteren geben ihr Werth und Wärme. Nur die Vorstellung dieser vermag Idealgefühle in uns zu erwecken. Ich komme sogleich darauf zurück.

Die Auseinanderreißung von Zweck und Motiv ist eine Consequenz des evolutionistischen Grundgedankens, daß der letzte sittliche Endzweck, der alle anderen in sich schließen soll, in einer Entwickelungsreihe belegen sei, die sich außerhalb des Menschen vollziehen, an der der Mensch nur als treibende Kraft, nicht aber als dominus negotii Theil haben soll. Das Individualleben wird dann zu einem bloßen Durchgangsmomente des ethischen Processes, es ist im Geiste dieser Auffassung nicht inconsequent, das individuelle Lebensglück für sittlich werthlos zu achten. Wie schwer es aber dem Verfasser wird, diese Consequenz durchzuführen, das ersehen wir aus den vorangeführten Versuchen desselben, die Idealgefühle und das Beglücktwerden durch allgemeine Zwecke in die Praxis des sittlichen Lebens wieder einzuführen, um dieses dadurch zu beleben und zugleich die unentbehrliche Triebkraft für seinen Entwicklungsproceß zu gewinnen. Aber dieser Versuch ist vergeblich, so lange er an der Trennung von Zweck und Motiv festhält. Zweck und Motiv entspringen aus dem gemeinsamen Quell des sittlichen Werthgefühls, welches die Wesensnatur beider bedingt. Das sittliche Werthgefühl bleibt stets die Seele des Zweckes, der sittliche Zweck ist seiner Natur nach Gefühlswerth, wenn er Endzweck und nicht bloßer Mittel-Zweck ist. In dieser seiner Wesensnatur als Gefühlswerth besteht seine Motivationskraft. Der sittliche Zweck ist seinem Wesen nach zugleich sittliches Motiv. So weit nun unsere Beobachtung reicht, können nur die Individuen Zwecke hegen. Deßhalb sind alle sittlichen Zwecke Gefühlswerthe, die das Individuum als solches in sich erlebt. Andere sittliche Zwecke giebt es nicht, aber sie umfassen auch Alles, was der menschliche Gesichtskreis umfaßt, denn Alles, was dieser umfaßt, ist von den Interessen und Werthgefühlen des menschlichen Herzens durchdrungen und belebt. Jeder Mensch ist ein Mikrokosmus, in dem sich das Wunder der Weltschöpfung in der Form individueller Lebensgestaltung aufs Neue wiederholt. Jeder Mensch baut sich seine Welt, die ganze Welt, welche er sieht, hört, tastet, riecht und schmeckt, durch die schöpferische Kraft seines Willens unter Mitarbeit aller übrigen Menschen, deren Arbeitsergebnisse ihm auf tausend Kanälen der Mittheilung unausgesetzt zuströmen. In jedem wird, so weit es an ihn kommt, aufs Neue lebendig und wirksam, was die Menschen vor ihm und neben ihm thaten und thun, erdachten und erarbeiteten. Alles dieses wird in ihm lebendig und wirksam, tausendfacher Antrieb eigenen Schaffens, dessen Früchte nicht blos ihm, sondern auch den Anderen und folgeweise der gesammten Kulturentwickelung zu Gute kommen. Sein Leben und seine Welt sind kein isolirtes Leben und keine isolirte Welt. Sein Leben ist in ein Netz lebendiger Beziehungen und Wechselwirkungen mit den übrigen Menschen verknüpft. Es verläuft nicht isolirt für sich, sondern gestaltet sich und wirkt in diesen Wechselwirkungen, in denen es den Hauptinhalt und den Schwerpunkt seiner sittlichen Bestimmung und seines sittlichen Strebens findet. Seine Welt schließt seine Mitmenschen, den Staat und die anderen Gemeinschaften in sich, denen er angehört, das ganze Bildungskapital seiner Zeit, insoweit er sich dessen bemächtigt, die ganze Weltgeschichte und die ganze Kulturbewegung, insoweit er an ihr activ oder passiv theilnimmt. Alles verdichtet sich in ihm zu unzähligen Quellen sittlicher Werthschätzung und zu unzähligen Antrieben freischöpferischen sittlichen Wollens. Sein Leben und seine Welt, die Beziehungen zu Seinesgleichen und die gemeinsamen Ziele, welche er vereint mit Seinesgleichen im privaten und öffentlichen Leben erstrebt, werden in ihm und in allen seinen Mitmenschen erhellt und richtunggebend bestimmt durch das selbstleuchtende Licht der gemeinsamen sittlichen Bestimmung, das in allen leuchtet, als die gemeinsame Lebenssonne aller, um deren centralen Kern sich all ihr Thun und Denken dreht. Meine Phantasie und meine Feder sind zu schwach, dieses Wunder des Individuallebens seinem Werthe und Inhalte nach in wenigen Zügen treffend zu charakterisiren. Es bedarf dessen nicht, denn jeder lebt es ja in sich selbst, ich verweise auf dieses Erlebniß. Ich fühle mich stets überwältigt von dem Bewußtsein seines Gesammteindrucks. Mir ist der Werth desselben ein unsagbarer, unerschöpflicher und unendlicher, aber ich will mich schuldig bekennen, daß mir die Weihe dieser Werthschätzung nur aus dem Bewußtsein der Gotteskindschaft erblüht, und aus der wissenschaftlich nicht erschöpfend zu begründenden und an sich unergründlichen, aber thatsächlich erhebenden und beseligenden Gewißheit, daß es ein unbedingt guter und heiliger Gott ist, den ich als den einheitlichen Realgrund aller Weltwirklichkeit zu verehren mich durch zwingende Gründe der Vernunft und des Gewissens veranlaßt fühle. Jedes Erwachen des Individuallebens ist der Beginn der Neuschöpfung einer Welt, die sich im Geiste dieses heranwachsenden Individuums gestaltet, der einzigen, welche dieses Individuum in sich unmittelbar als wirklich erlebt und zu begreifen vermag. Ob diese Neuschöpfung mit dem Tode dieses Individuums wieder gänzlich erlischt und mithin nur das von ihr übrig bleibt, was dieses Individuum für die Mitlebenden erarbeitet hat, und was sich fortwirkend in diesen gestaltet und weiterwirkt, oder ob sie vielleicht in einer höheren Bewußtseinssphäre die Ergänzung und den Abschluß finden mag, welche zu erhoffen und zu ersehnen derjenige, der von dem unendlichen Werthe dieser Neuschöpfung durchdrungen ist, nicht müde werden wird — wir wissen es nicht. Der unbedingte Werth dieses Lebens, welches wir kennen, ist durch solche Unsterblichkeitshoffnung für den nicht bedingt, der den Werth dessen, was er soll, eben als einen unbedingten in sich erlebt. Unbedingt ist ja der Werth des Sittlichen eben deshalb, weil er durch Nichts, außer durch sich selbst, also auch durch keine Zeit und durch keine Hoffnungen bedingt ist. Außer den Individuen aber giebt es in unserem Beobachtungskreise nichts, was einen erlebbaren Werth für sich selbst, was einen objectiven Werth repräsentiren könnte. Auch der Entwickelungsgang der Kultur steht nicht auf sich selbst, ist also nach menschlichem Fassungsvermögen kein objectiver Werth. Die Kultur lebt und schreitet fort in der Form des Individuallebens, der einzigen, welche wir kennen. Aller Kulturfortschritt bemißt sich für uns nach keinem anderen Maßstabe als nach dem unserer sittlichen Werthschätzung, welche inhalt-

und richtungbestimmend ist für alle Kulturentwickelung. Je tiefer der unbedingte Werth des Sittlichen in den Individuen empfunden wird, um so reicher und schöpferischer sprudelt die sittliche Thatkraft in ihnen, um so heller und freundlicher erglänzt in ihnen der Werth des Lebens, um so vollwirksamer kommen in ihnen die besonderen Werthe der allgemeinen geistigen Erzeugnisse menschlicher Gemeinschaft zur Anerkennung und Geltung, denn diese stehen nicht auf sich selbst oder in dem Bewußtsein irgend welcher hypothetischer Gesammtwillen, sondern in den Herzen und der Vorstellungswelt der Menschen. Je tiefer der Mensch den Werth dessen empfindet, was er soll, um so fester, sicherer und klarer steht er nicht nur auf sich selbst, sondern stehen in ihm die Anerkennung des Staates und der anderen sittlichen Gemeinschaften, denen er angehört. Nach der Intensität des sittlichen Bewußtseins, nicht nach äußeren Erfolgen, bemißt sich daher unsere sittliche Schätzung der Menschen und Völker, mögen sie der Vergangenheit oder der Gegenwart angehören. Sehen wir uns um in der Gegenwart oder in der Geschichte. Wer sind und wer waren die thätigsten und erfolgreichsten Agenten der Kulturentwickelung? Sind und waren es die lebensfrohen und die lebensfrischen, oder sind es die blasirten und die Pessimisten? Die höchste Form der sittlichen Werthschätzung des Lebens im Allgemeinen oder der besonderen Ziele desselben war stets die Begeisterung. Der Begeisterung, also der intensivsten Bethätigung des Individuallebens, verdanken wir die werthvollsten Errungenschaften der Kultur auf allen Gebieten, im privaten und im öffentlichen Leben: Eigennutz, Herrschsucht und andere unethische Motive Einzelner haben große Wirkungen in der politischen Gestaltung des Völkerlebens und in der allgemeinen Kulturentwickelung hervorgebracht, die, wie alle Dinge, auch ihren Nutzen und selbst segensreiche sittliche Erfolge nach bestimmten Richtungen hin gehabt haben mögen. Als sittlich schätzen wir die Thaten der

Menschen aber doch nur dann, wenn sie aus sittlichen Motiven entspringen. Wer sind die hervorragenden Geister der Wissenschaft? Es sind die, welche sich für die Wissenschaft begeisterten, weil sie die Wissenschaft hochschätzten. Wer sind unsere classischen Dichter, Componisten, Künstler auf allen anderen Gebieten? Es waren Leute, in denen der göttliche Lebensfunke der sittlichen Werthschätzung als höchstes Glücksgut lebendig war und sie zu ihren Schöpfungen begeisterte. Wahrlich, es bedarf der Beläge nicht. Jeder fühlt es in sich selbst. Das Gewissen ist der lautere Quell aller Werthschätzung des Lebens, aller Begeisterung, aller Thatkraft. Das Gewissen, aus dem Zweck und Motiv in untrennbarer Einheit entspringen.

Zweck und Motiv sind stets in der Einheit der sittlichen Handlung verbunden und haben ihren sittlichen Charakter nur in dieser Verbindung. Reißt man sie auseinander, so wird der Zweck entleert und das Motiv entehrt. Der Zweck wird dadurch in eine übersittliche Abstractionshöhe gehoben, wo er sich selbst verflüchtigt, der Mensch in eine untersittliche Sphäre herabgedrückt, in der seine sittliche Würde nicht bestehen kann. Ich verweise hier nochmals auf die treffliche Schrift Christoph Sigwart's („Vorfragen der Ethik". Freiburg 1886. Festschrift zum funfzigjährigen Doctorjubiläum Eduard Zeller's) wo diese Verhältnisse in einer classischen Weise dargestellt sind.

Richten wir unsern Blick nochmals auf die erreichbaren Objecte des evolutionistischen Endzwecks, auf jene allgemeinen Kulturerzeugnisse menschlicher Gemeinschaft. Wir fanden, daß ein Haupterfolg, der in der menschlichen Werthschätzung irgend eine Rolle spielen könnte, nicht übrig bleibt, wenn wir die glückerzeugenden Nebenerfolge probeweise abziehen. Diese Haupterfolge, auf deren Herbeiführung und Entwickelung das Endziel der evolutionistischen Ethik doch gerichtet sein soll, sind deßhalb auch nimmer im Stande, irgend welche motivationskräftige Idealgefühle in der

Menschenbrust zu erwecken. Es ist undenkbar, daß der Mensch durch allgemeine Zwecke dieser Art irgendwie beglückt werden könnte. Diese idealen Triebe des Evolutionismus sind evolutionistische Phantasien. Will man diese Lehre einen Idealismus nennen, so ist es ein ungemein frostiger, für den sich kaum jemand außer den Vertretern jener Lehre wird erwärmen können. Von einer practischen Brauchbarkeit kann in Betreff des reinen evolutionistischen Ideals überall keine Rede sein. Etwas lebenskräftiger gestaltet sich jedoch dieses Ideal, wenn wir die glückerzeugenden sogenannten Nebenerfolge wieder hinzuaddiren, wenn wir den Segen in Betracht ziehen, den die Kulturgüter den Menschen stiften und die mannigfache Art von Beglückung, welche das Individualleben durch sie erfährt. Der Hinblick auf diese sogenannten Nebenerfolge erregt allerdings im Herzen aller weiterblickenden Menschenfreunde die edelsten Gefühle, die zugleich sehr ernste Willensantriebe zur Verwirklichung jener Kulturgüter in sich schließen oder erwecken. Zwecke, welche allgemein Segen stiften, beglücken das edle Menschenherz und treiben es zur That ihrer Verwirklichung. Aber nur der Hinblick auf den allgemeinen Segen, den die Menschen von der Verwirklichung solcher Zwecke erhoffen, beglückt sie und treibt sie zur That. So ist es mit allen allgemeinen Erzeugnissen menschlicher Gemeinschaft in Staat, Kunst, Wissenschaft und allgemeiner Kultur. So ist es auch mit der Vorstellung einer unendlichen Weiterentwicklung dieser Erzeugnisse. Jeder edle Mensch begeistert sich dafür und setzt seine Kräfte daran, sie zu fördern, wenn sein Blick weit genug reicht und nicht durch näher liegende Aufgaben gefesselt ist, denn jeder gedenkt des Segens, den sie den gegenwärtigen und den späteren Menschen stiften, jeder Gebildete ist überzeugt von der hohen Bedeutung, welche sie für die sittliche Bestimmung des Menschen haben. Diese Ueberzeugung und das Bewußtsein des unbedingten Werthes der menschlichen Bestimmung sind aber der leuchtende Kern jener motivationskräftigen Idealgefühle, welche **thatsächlich** zur Entwickelung der Kultur und zur Hervorbringung jener allgemeinen Kulturgüter treiben. Es sind also Triebe, die auf ganz anderen Voraussetzungen beruhen, als auf denen des Evolutionismus. Ich denke mir immer, daß der Verf. diese aus der sittlichen Werthschätzung des Gewissens stammenden Idealgefühle doch wohl stillschweigend im Sinne gehabt hat, da er ihnen eine so große Rolle in seinem evolutionistischen Systeme einräumt. Fassen wir jedoch den Evolutionismus auch in dieser etwas menschlicher colorirten Weise auf, so besteht der ethische Reingehalt desselben doch immer nur in einem Theile von dem, was die Gewissensethik als Ganzes darbietet. Auch die Gewissensethik schließt den Gedanken der Entwickelung, wie wir gesehen haben, in sich, und in ihrer Auffassung allein erhält er eine sittliche Bedeutung, die er verliert, wenn man ihn im Sinne des Evolutionismus auf seine eigenen Füße zu stellen sucht. Die sittliche Entwickelung der Individuen in ihrem Fürsichsein, die sittliche Entwickelung der Beziehungen des Füreinanderseins der Individuen, sowie die Entwickelung der gemeinsamen Aufgaben und die der gesammten Kultur gehören als ein Hauptbestandtheil mit zu der sittlichen Bestimmung des Menschen, deren unbedingten Werth wir im Gewissen erleben. Die sittliche Werthschätzung begreift auch dieses Moment der Entwickelung stets in sich, ohne welches das sittliche Lebensideal nicht zu denken ist. Die Entwickelung ist aber nicht das einzige Werthmoment der Gewissensethik und kann es ihrem Wesen nach nicht sein. Die Idee der Entwickelung verliert ihren sittlichen Charakter und ihren Sinn überhaupt, wenn man sie auf sich selbst zu stellen und als alleiniges Ziel des sittlichen Strebens zu betrachten sucht. Es muß ein inhaltlicher Kern hinzugedacht werden, der sich entwickeln soll, ein sittlicher Kern des Guten, der seinen Eigenwerth und seine Unbedingtheit in sich selbst trägt, und der auf allen Stufen der Entwickelung Selbstzweck ist. Nicht blos die Entwickelung, sondern vor Allem das sittliche Leben selbst, das sich entwickelt, muß durchstrahlt und erwärmt sein von der Unbedingtheit des Guten, welches die Idee der Entwickelung nur als ein integrirendes Moment seines Wesens in sich trägt. Das Leben selbst, das Leben, welches nur die Individuen leben, muß den Werth und die Weihe des Sittlichen in sich tragen. Das Individualleben darf nicht blos Durchgangsmoment des sittlichen Entwickelungsprocesses sein, sondern es muß zu seinem Theile vor Allem Selbstzweck sein, wenn es ein sittliches Leben sein soll. Wir sollen sittlich leben und uns im sittlichen Leben entwickeln, nicht blos Entwickelungskomödie für irgend welche dritte Zuschauer spielen, oder damit überhaupt Entwicklung gespielt werde. Der unbedingte Werth des Sittlichen soll sich in jedem Individuum darleben und in dieser individuellen Gestaltung zugleich sein: Selbstzweck und Entwickelungsmoment des sittlichen Gesammtprocesses.

Indem die Entwickelungsethik das Individualleben nicht als sittlichen Selbstzweck, sondern nur als Durchgangsmoment des sittlichen Entwickelungsprocesses betrachtet, ist sie keine vollständige Ethik. Mögen ihre Voraussetzungen richtig oder unrichtig sein, sie erkennt jedenfalls immer nur einen Theil des sittlich Erstrebenswerthen als alleinigen sittlichen Endzweck an. Einen Theil, der nicht auf sich selbst stehen kann, der, auch wenn er dies könnte, jedenfalls nicht von allen, und nicht von allen auf gleich vollständige Weise, als sittlicher Endzweck verstanden und als solcher gewürdigt werden könnte.

Scheiden wir einmal in Gedanken, was sich in Wirklichkeit nicht scheiden läßt: das Moment des sittlichen Lebens von dem Momente der sittlichen Entwickelung, welche beide in dem Ganzen der Sittlichkeit enthalten sind, und lassen wir probeweise nur das letztere im Sinne des Evolutionismus als einzigen sittlichen Endzweck gelten, so läßt sich trotz aller Proteste des Verf. doch nicht leugnen, daß die Vorstellung der erreichbaren Objecte des Sittlichen und des aufgestellten Entwickelungsideals nur in der Seele derjenigen Menschen motivationskräftige Idealgefühle erwecken könnte, die etwas wissen von jenen erreichbaren Objecten und sich irgend eine Idee von dem Entwickelungsideal machen können. Man kann sich bei bestem Willen für nichts begeistern, wovon man sich nicht irgend eine greifbare Idee machen kann. Ich komme immer wieder darauf zurück. Dies scheint mir der Hauptmangel der evolutionistischen Ethik, daß sie dem Gebildeten zwar etwas, aber nicht genug, dem gemeinem Manne aber gar kein ihm verständliches und gemüthlich nahestehendes Ziel des sittlichen Strebens bietet. Die Begeisterung für den Kulturfortschritt, und sei sie noch so groß, giebt für sich allein keinem Menschenleben einen sittlichen Halt, am wenigsten aber den Lastträgern der Gesellschaft, die froh sind, wenn sie das Leben haben und die nächstliegenden Aufgaben bewältigen können, aber gar keine Zeit, keine Gelegenheit und selbst nicht einmal die hinlängliche Bildung haben, um an die Entwickelung der Gesammtkultur zu denken, geschweige denn, sich dafür zu begeistern. Und nicht blos die Lastträger sind hier übel daran, auch die Frauen, die Kinder, die Schwachen an Geist, die aber doch recht gute Leute sein können — sie alle lassen die Entwickelung Entwickelung sein und können doch ethisch recht respectabele Menschen sein. Es sind doch auch viele ethische Zwecke und Motive, die im practischen Leben von jeher als solche gegolten haben und noch gelten, welche mit dem aufgestellten Entwickelungsideale jedenfalls nur in einem sehr lockeren Zusammenhange stehen — man denke nur an die Liebe, die Freundschaft, die Zufriedenheit, die Bescheidenheit u. s. w. Es giebt folgeweise viele, sehr viele Situationen im Leben, wo es gilt, eine sittliche

Entscheidung zu treffen, welche der Hinblick auf das evolutionistische Ideal nicht zu geben vermag, weil es für dieses gleichgültig ist, ob man sich so oder anders entscheidet. Das ethische Princip des Evolutionismus giebt daher jedenfalls keine allgemeingültige Antwort auf die Frage: was sollen wir thun? Die Entwickelungsethik ist, wenn man die glückerzeugenden Nebenerfolge der allgemeinen Erzeugnisse menschlicher Gemeinschaft, als einzige Erwecker der Idealgefühle, mit in Betracht zieht, practisch nicht völlig unbrauchbar, aber für sich allein völlig unzulänglich.

Der Verfasser selbst beruft sich gar nicht auf sein Princip, sondern auf die von ihm aufgestellten 6 Normen. Diese sollen die Antwort auf die vorangestellte Frage geben, welche das Princip selbst nicht zu geben vermag.

Auch das bestreite ich.

Zunächst aus dem schon angeführten formalen Grunde. Normen, sie mögen noch so sinnreich erfunden und noch so geschickt formulirt und zusammengestellt sein, sind ihrer Natur nach außer Stande, eine allgemeingültige Antwort auf die Frage zu geben: was sollen wir thun? Das sittliche Leben ist kein ethischer Mechanismus, sondern freischöpferisches Thun. Sie können nur als Erleichterungsmittel practisch brauchbar sein, aber immer nur insoweit, als sie einerseits das ethische Princip, dessen Gebote sie in leicht faßlicher Form verkünden, auch wirklich sachgerecht und vollständig zum Ausdruck bringen, andererseits aber die Beweggründe angeben, welche uns bei unseren Handlungen leiten sollen.

In beider Hinsicht erweisen sich die aufgestellten Normen, als Normen der evolutionistischen Ethik, völlig unzulänglich. Das ist mein sachliches Bedenken gegen ihre practische Brauchbarkeit im Sinne jener Ethik. Weder bringen sie das Princip des evolutionistischen Ideals voll und ganz zum Ausdruck, noch wohnt ihnen im evolutionistischen Sinne irgend welche Motivationskraft inne. Was den Wortlaut dieser Normen anlangt, so sind sie uns längst bekannt. Als Normen der Gewissensethik haben sie sich im practischen Leben längst bewährt. Was sie als Normen der evolutionistischen Ethik bedeuten, und ob sie als solche practisch brauchbar sind, wollen wir nun untersuchen.

Es liegt auf der Hand, daß die in der ersten Norm geforderte sittliche Selbstachtung, als individuelles Werthgefühl, den objectiven Werth des evolutionistischen Ideals gar nicht zur Geltung bringt. Alles individuelle Lebensglück, also auch die geforderte Selbstachtung, welche nur den intensivsten Ausdruck des individuellen Lebensglücks bildet, soll ja nach dem eigenen Ausspruche des Verfassers sittlich werthlos sein. Ebensowenig ist dies der Fall bei der zweiten und dritten Norm. Der objective Werth des evolutionistischen Ideals findet weder darin, daß der Eine den Anderen achten soll wie sich selbst, noch darin, daß jeder die Pflichten, die er sich und anderen gegenüber auf sich genommen hat, erfüllen soll, einen irgendwie zutreffenden Ausdruck. Was hat die Erhabenheit jenes Ideals mit solchen Kleinigkeiten zu thun, die nur das vergängliche Einzeldasein betreffen, dessen sittlicher Werth im Sinne der evolutionistischen Ethik = Null ist? Das Sittliche liegt ja nach den Voraussetzungen dieser Ethik nicht im Menschen, es kann weder als Princip, noch in Gestalt irgend welcher Normen dem Individualwillen als normgebendes Motiv eingepflanzt werden. Deshalb können auch die anderen Normen, obwohl sie der Conception des evolutionistischen Ideals in ihrer begriffsmäßigen Formulirung näher stehen, doch niemals im evolutionistischen Sinne direct als Motive auf die sittliche Entscheidung des Individualwillens wirken, was doch nach dem eigenen Ausspruche des Verfassers (S. 463) die Aufgabe und der Zweck der Normen sein soll. Diese letzten drei Normen, mögen sie auch den Sinn des evolutionistischen Ideals mehr oder weniger vollständig zum begriffsmäßigen Ausdruck bringen, es fehlt ihnen, ebenso wie den drei ersten, im Sinne der evolutionistischen Ethik stets die Hauptsache, nämlich die Motivationskraft. Sie sind Aufforderungen zum Tanz, welche niemand zum Tanzen bewegen, weil sie keine Tanzlust erwecken.

Stellen wir uns doch einmal probeweise auf den Boden der Voraussetzungen dieser Ethik und erfüllen uns mit derem Geiste, indem wir von allen Reminiscenzen an die Motive der Gewissensethik absehen, welchen wir in der Praxis des Lebens zu folgen gewohnt sind. Welche Motivationskraft haben die aufgestellten sechs Normen auf unseren evolutionistisch präparirten Willen?

Kann man im Ernst Achtung vor sich selbst haben, wenn man ein Mensch ist, dessen Lebensglück keinen sittlichen Werth hat, der also mit anderen Worten am Sittlichen keine herzliche und aufrichtige, ja überhaupt gar keine Freude hat? Worauf anders beruht die hier geforderte Selbstachtung, als auf dem Bewußtsein, daß man ein Mensch ist, der eine sittliche Bestimmung von unbedingtem Werthe in sich trägt, der dieses Bewußtsein als höchstes Gut, als höchsten Maßstab aller Werthschätzung und als das beherrschende Grundmotiv seines Wollens in sich lebendig und wirksam fühlt? Verdunkelt sich in einem Menschen dieses Bewußtsein, so verliert er allgemach seine Selbstachtung. Er wird sie ganz verlieren, wenn er ernstlich zu der Ueberzeugung kommen sollte, daß das, was ihn am meisten beglückt, gar keinen sittlichen Werth habe, daß er vielmehr nur Werkzeug im Dienste eines so frostigen Ideals sei, wie es die evolutionistische Ethik aufstellt. Eines Ideals, welches durch nichts weiter bestimmt ist als durch die Richtung, welche die sittliche Entwickelung bisher innegehalten hat und den leeren Gedanken einer unendlichen Fortsetzung in derselben Richtung, welches keinen selbstleuchtenden Punkt unbedingter Werthschätzung aufweist, welcher der Entwickelung unbedingten Werth und Weihe geben könnte. Die Befolgung dieser ersten Norm ist also eine frostige Aufforderung an den, der sich durch seine theoretischen Ueberzeugungen die Wurzeln der Selbstachtung abgegraben hat. Er kann sich nicht achten, wenn er sich nicht als achtungswerthes ethisches Subject, sondern blos als Werkzeug im Dienste jenes Entwickelungsideals betrachtet.

Auch die zweite Norm setzt voraus, daß der Handelnde Lust hat an der Erfüllung der Pflichten, die er sich und Anderen gegenüber auf sich genommen hat, daß er ein Pflichtbewußtsein hat, welches ihn höchste Befriedigung an der Erfüllung der übernommenen Pflichten empfinden läßt.

Den Nächsten ferner kann ich nur achten wie mich selbst, wenn ich erstens mich selbst achte und wenn ich zweitens den Nächsten als einen Menschen betrachte, der vom Bewußtsein seiner sittlichen Bestimmung durchdrungen ist und in dem Streben nach ihrer Erfüllung seine höchste Befriedigung findet. Sollen wir die Befolgung dieser Norm dem zumuthen, der nicht blos sich selbst, sondern auch den Nächsten als reine Null achtet? Ist sie ein motivationskräftiger Imperativ für den, der das Sittliche nicht des Sittlichen, der das Gute nicht des Guten wegen thut, sondern dem die Vorstellung des sittlichen Endzwecks erst zu einem seiner Natur entsprechendem Triebe werden muß, wenn er ihn erfüllen soll?

Diene der Gemeinschaft, der du angehörst! Auch ein frommer Wunsch, wenn ich die Gemeinschaft nicht in meinem Herzen trage. Ich trage sie im Herzen, wenn ich ihre Anerkennung als sittliche Verpflichtung empfinde, deren stete Erfüllung mir mein Gewissen gebietet. Das Band, dessen consequente Anerkennung Seitens aller Staatsangehörigen diese zum Staat verbindet, ist ein Band lebendiger Wechselwirkung, welches nur so lange hält und Segen stiftet, als die Motive jener Wechselwirkung in der sittlichen Natur der Menschen ihren unerschöpflichen bleibenden Quell finden.

Das sittliche Bewußtsein solcher Staatsangehörigkeit und der daraus entspringenden Pflichten erstickt man durch die evolutionistische Hypothese, daß jenes Band ein Band realer Gemeinschaft, daß der Staat eine Realität der nämlichen Art und Ursprünglichkeit sei wie die Individualwillen, also ein rein Thatsächliches, kein Ethisches. Nach dieser Auffassung ist der Einzelne eine Theilkraft oder ein Element der Gemeinschaft und als solches unmittelbar bei deren Wohlergehen betheiligt. Es könnte aus dieser Idee, wenn sie jemand ernstlich hegte, allenfalls ein egoistisches, niemals aber ein ethisches Motiv des Gemeinsinns gefolgert werden, den jene Norm fordert. Der Mensch, der wirklich nur durch Lustmotive geleitet wird, ist aber viel zu klug, um nicht zu wissen, daß er den privaten Vortheil auf Kosten der Gemeinschaft, wenn sich günstige Gelegenheit bietet, getrost suchen mag, ohne durch sein unpatriotisches Handeln sich in der entsprechenden Schädigung des Gemeinwesens mitzuschädigen. Aufrichtig dienen wird er der Gemeinschaft nur dann, wenn es ihm ein sittliches und patriotisches Bedürfniß ist, ihr zu dienen, wozu vor Allem gehört, daß ihm die sittliche Bedeutung des Bestehens der Gemeinschaft zum Bewußtsein kommt.

Auch die fünfte Norm „Fühle dich als Werkzeug im Dienste des sittlichen Ideals“, und vollends die sechste „Du sollst dich selbst dahingeben für den Zweck, den du als deine ideale Aufgabe erkannt hast“, setzen dort ein Ideal und hier eine ideale Aufgabe voraus, welche in der Seele dessen, an den sich die Imperative richten, eine hingebende und aufopfernde Begeisterung zu erwecken vermögen, denn sonst wird ihnen niemand folgen. Ich habe nun bereits wiederholt nachgewiesen, daß die Vorstellung des evolutionistischen Ideals und die Vorstellung der Hervorbringung objectiver Werthe, welche ihrem Haupterfolge nach niemandem zu Gute kommen sollen, niemand weiter als vielleicht die Gelehrten des Evolutionismus in Begeisterung zu setzen vermögen, von denen ich hier absehe. Sie sind vollends außer Stande solche Menschen zu entflammen, deren Glücksempfindungen sittlich werthlos sind, denen mithin das Sittliche keine Freude ist, welche daher jene Vorstellungen ganz kalt lassen werden.

Auch die evolutionistischen Normen geben uns keine allgemeingültige Antwort auf die Frage: was sollen wir thun? Der gleichlautende Wortlaut der im practischen Leben anerkannten Normen der Gewissensethik ändert daran nichts, denn auf diese kann und will der Verfasser sich nach seinen letzten Erklärungen nicht berufen.

Damit wären wir am Ende.

Die evolutionistische Ethik kann die Probe der practischen Brauchbarkeit nicht bestehen. An dieser Klippe müßte sie nothwendig scheitern, selbst wenn ihre theoretischen Voraussetzungen zu rechtfertigen wären.

Auch bei sorgfältigster Prüfung komme ich zu keinem anderen Resultate. Die in der Vorrede erwähnten Versehen meiner ersten Kritik in den Preußischen Jahrbüchern, auf deren Uebertreibung und Aufbauschung der Herr Gegner sein ganzes Vertheidigungssystem gründet, kommen dabei überall nicht in Frage. Sie betreffen nur die Ornamentik, nicht den sachlichen Kern meiner Kritik. Meine Einwendungen sind keine Verläumdungen, sondern ernste und wohlbegründete Bedenken, welche so lange bestehen bleiben, bis sie sachlich widerlegt werden.

Doch die Streitschrift. — Fast hätte ich sie über dem Ernste der behandelten Streitfragen vergessen. Es wird mir in der That schwer, diese Streitschrift ernst zu nehmen. Sie macht mehr den Eindruck von Selbstbekenntnissen einer schönen Seele als den einer moralphilosophischen Abhandlung. Der Verfasser prüft hier, in der unverkennbaren Absicht, mir eine tüchtige Schlappe beizubringen, die Stichhaltigkeit unserer beiderseitigen Principien nur in Betreff der eingangs erwähnten Specialfrage. Mit einer bewundernswerthen, für die Tendenz dieser Streitschrift überaus lehrreichen Findigkeit deducirt er aus einer in meiner Schrift „Gewissen und moderne Kultur“ aufgefundenen gelegentlichen Aeußerung über die Uebelstände der monotonen Beschäftigung der Fabrikarbeiter, für deren Beseitigung ich in der That keinen Rath weiß, daß der Standpunkt meiner Ethik der „des duldenden Gehorsams“ sei, daß ich allen bestehenden Uebelständen, also auch denen der literarischen Kritik gegenüber dem Principe huldige „es müsse Alles beim Alten bleiben“, „man müsse sich in das Unvermeidliche zu finden wissen“. Er benutzt auch die Gelegenheit, mir die Nichterwähnung der damals noch in der Vorbereitung begriffenen neuen Reichsgesetze zum Wohle der Arbeiterbevölkerung unter Hinweis darauf vorzuhalten, daß ich die Arbeiter statt dessen mit Belehrungen und salbungsvollen Reden abspeisen wolle.

Obzwar ich dieser wohlwollenden Charakteristik meiner Schrift und meiner Person gegenüber kein großes Vertheidigungsbedürfniß empfinde, so kann ich doch nicht umhin, den kunstvollen Bau dieser feinsinnigen Deductionen durch einige harmlose Erinnerungen durchlöchern zu müssen.

Ich kann leider nicht umhin, es für mißlich zu halten, aus so beiläufigen Bemerkungen auf den Standpunkt des Gegners zu schließen, ohne die principiellen Erörterungen, auf welche dieser selbst am meisten Gewicht legt, wenigstens mit verständnißvollem Blicke zu streifen. Der Griff des Verfassers war deßhalb auch kein Glücksgriff. Ich habe im thetischen Theile desselben Abschnitts, aus dem jene Aeußerung aufgelesen ist, unter den drei wesentlichen Erfordernissen eines menschenwürdigen Daseins als drittes ausdrücklich die Möglichkeit hervorgehoben „bei gewissenhafter Arbeit und getreuer Pflichterfüllung für sich und die Seinigen eine auskömmliche wirthschaftliche Existenz zu erlangen“. Da nun der staatliche Verband meiner wohlbegründeten Ansicht nach ein sittlicher ist, welcher Regierer und Regierte vor Allem verpflichtet, jene drei wesentlichen Erfordernisse menschenwürdigen Daseins, den Bauhorizont des sittlichen Lebens, für alle Staatsangehörige zu sichern, so wird jedermann begreifen, daß ich der auf diesem Gebiete jetzt so energisch eingreifenden neuen Reichsgesetzgebung, deren Tragweite ich damals, als ich das Buch schrieb, noch nicht völlig übersehen konnte, nur mit den wärmsten Sympathieen gegenüberstehe. Leider ändern diese Gesetze an den in der beregten Aeußerung beklagten Uebelständen, nämlich an der monotonen und geisttödtenden Art der Beschäftigung, zu welcher der Maschinenbetrieb manche Arbeiterklassen verdammt, ganz und gar nichts, denn die bessere Alimentation hilft der Monotonie jener Beschäftigungsweise nicht ab. Ich habe mir erlaubt, darauf hinzuweisen, daß ein durch so eintönige Beschäftigung gedrücktes Leben doch immerhin erträglicher sei, wenn das Bischen Menschenwürde, das ja auch in einfachen Verhältnissen sein erhebendes Trostlicht spendet, bei diesen armen Leuten thunlichst wach erhalten würde. Wenn der Herr Gegner das so verächtlich findet, so hängt das mit seiner evolutionistischen Auffassung zusammen, in welcher meiner wohlbegründeten Ansicht nach die Menschenwürde eben keinen Platz hat.

Auch abgesehen von diesen kleinen Irrungen frappirte mich der vernichtend sein sollende Stoß des Herrn Gegners, denn von dieser Seite her ist meine kleine Gedankenfestung noch niemals berannt worden. Daß der Herr Gegner von meinen energischen Fehden gegen den Materialismus, den Pessimismus und den Positivismus keine Notiz genommen hat, welche nach Ansicht wohlwollender Freunde nicht ganz den mir gegnerischerseits zugemutheten dumpfen Quietismus verrathen, finde ich zwar ganz selbstverständlich. Die eigene Bedrängniß, in die ihn mein auf Beseitigung vermeintlicher Irrungen des Zeitbewußtseins gerichteter ungestümer Angriff versetzte, hat er wohl über der Lebhaftigkeit seines Interesses für die Bessernng der Moral der literarischen Kritik vergessen. Daß ich jedoch in der ganzen vorerwähnten Schrift, welche der Herr Gegner geständlich gelesen hat, das Moment der sittlichen Entwickelung als ein Hauptmoment des sittlichen Strebens hingestellt habe, und daß dieser Gesichtspunkt meine ethische Grundansicht maßgebend bestimmt, das kann einem Manne von dem Scharfsinne und der Vigilanz des Herrn Gegners nicht entgangen sein, zumal ich so viel gesperrte Schrift zur Hervorhebung der Hauptsätze verwendet habe. Wollte ich, der Fechtweise des Herrn Gegners mich anbequemend, aus dessen Fehlern Kapital schlagen, so wäre es mir ein Leichtes, hier den Spieß umzudrehen, und einen Balken in dessen Auge zu wittern. Ich bin jedoch weder so anklagefroh, noch so anklagebedürftig, ich bedarf solcher Mittel nicht, um meine Sache zu verfechten und verschmähe sie. Ich fühle mich überdies in der mir zuerkannten Rolle des duldenden Gehorsams so passiv-humoristisch aufgelegt, daß ich sie mir einstweilen gefallen lasse, um so mehr, als die gegnerischerseits beliebte Wahl der Worte und der Waffen meinen gesellschaftlichen Gewohnheiten so wenig entspricht, daß der Kampf ein ungleicher wäre.

Aber ich will die günstige Gelegenheit zu einer kleinen Beichte benutzen. Das Gegentheil des duldenden Gehorsams drückt mein Gewissen viel mehr als der Vorwurf desselben. Der Eifer, an den bestehenden Zuständen zu bessern, ließ mich manche Unbesonnenheiten begehen. Er riß mich leider oft zu heftig und zu weit mit sich fort, so daß ich nicht nur die zur eigenen Deckung nöthige Vorsicht oft frevelhaft bei Seite setzte, was ich im gegenwärtigen Streite wiederum bitter zu beklagen reichliche Veranlassung finde, sondern, was weit schlimmer ist, daß ich oft die Goldkörner in des Gegners Rüstkammer übersah:

„Beglückt zu sein durch allgemeine, nicht durch persönliche Zwecke“!

Wie trefflich eignet sich diese von mir lange nicht hinreichend gewürdigte gegnerische Maxime als Devise für eine allgemeine Reform der Moral der literarischen Kritik! Wären wir es doch alle! Möchte doch stets das sachliche Interesse, das der Gesammtheit zu Gute kommt, dem persönlichen unseres vergänglichen Individuallebens voranstehen, den Lumpereien von Empfindlichkeit, Rechthaberei, Ruhmsucht, oder was sonst!

„Achte deinen Nächsten wie dich selbst“!

Thäten wir es doch immer! Auch wenn der Nächste einmal unser Gegner sein sollte, der es wagt, anderer Ansicht zu sein als wir und sogar die Unverschämtheit hat, seine Ansicht zu begründen. Möchten wir doch lieber versuchen, den unbequemen Gegner zu widerlegen, als uns der trügerischen Hoffnung hinzugeben, den bösen Einwendungen durch Verunglimpfung der Person des Gegners entgehen zu können! Zumal, wenn das Anklagematerial so schwach ist, daß man sich dadurch nur dem Spotte kluger Leser aussetzt, denn nicht alle sind gleich urtheilslos, wie jener vorwitzige Recensent in Nr. 24 der Allgemeinen Deutschen Universitätszeitung, welcher sich unbedachtsam vor erledigter Sache so vertrauensselig an die Rockschöße des Herrn Gegners hängte*). Möchten wir doch vor Allem lieber selbst den literarischen Anstand wahren, anstatt uns höchst unberufenerweise zu dessen Anwalte aufzuwerfen! Wie klug würden wir endlich thun, durch unser eigenes Verhalten in unseren literarischen Fehden der Welt selbst ein gutes Beispiel zu geben, anstatt am Gegner ein

*) Auch wenn noch mehr solcher Schwalben aufsteigen sollten, so würden sie — um mich eines gegnerischen Witzwortes zu bedienen — immer noch keinen Sommer machen. Wo der Sachverhalt aus den beiderseits vorliegenden Schriftstücken so sonnenklar in die Augen springt, da genügt ein ganzer Schwarm gefälliger Schwalben nicht, ihn zu verfinstern.

schlechtes statuiren zu wollen — zumal als Richter in eigener Sache!

Man sieht, es sind leider nur fromme Wünsche, die ich als bescheidenen Beitrag zur Moral der literarischen Kritik den Ausführungen des Herrn Gegners auf diesem Gebiete ergänzend und erläuternd hinzufügen kann. Möchten sie doch recht angelegentlichst beherzigt werden, wenn dieser Streit noch eine Fortsetzung finden sollte, denn die trefflichsten Maximen nützen uns selbst und der Gesammtheit nichts, wenn wir nicht auch Selbstverleugnung genug haben, danach zu handeln.

Druckfehler.

Seite 8 Zeile 2 v. o. lies **erlebt** statt erhebt.
„ 27 „ 7 v. u. „ **richtunggebende** statt richtunggebene.
„ 30 „ 14 v. o. „ **Selbstbesinnung** statt Selbstbestimmung.
„ 49 „ 11 v. u. „ ihn statt ihm.

FSC
www.fsc.org
MIX
Papier | Fördert gute Waldnutzung
FSC® C083411

Kolibri 360 GmbH
Ferdinand-Jühlke-Straße 7
99095 Erfurt, Deutschland
produktsicherheit@kolibri360.de